「保護者のシグナル」

観る　聴く　応える

保育者のための
コミュニケーション・スキル

itsumi kakefuda
掛札 逸美

emi kato
加藤 絵美

著

ぎょうせい

まえがき

　本書は、消費者保護（利用者保護）と苦情対応を専門とする加藤と安全とコミュニケーションを専門とする掛札が、保育者の皆さんのために書いたものです。

　筆者（加藤）が最初に園の苦情対応に関心を寄せたのは、ある保育園での園児死亡事故の背景に、実は「苦情対応の失敗」があったことを知ったからです。保護者と保育者のトラブルが、子どもの命を奪う一要因になるということは、衝撃的な事実でした。また、保育者が保護者とのコミュニケーションに心を悩ませ、仕事を続けていくことができなくなるまで落ち込んでしまうケースもひんぱんに耳にしていました。
　しかしその一方で、園に子どもを預ける保護者は、「こんな苦情を言ったら、園にクレーマーだと思われちゃうかな……」など、毎日顔を合わせている先生に苦言を呈することを躊躇する心理状況であることも確かです。実際に筆者（加藤）自身、「おかしい」と感じていたことがらでも、先生に申し出ることはできませんでした。苦情を言われて悩む保育園と、実は苦情を言い出しにくい利用者（保護者）、双方のこうしたボタンのかけ違いが次の大きなトラブルに発展する前に、保育者の皆さんと一緒に考え、一緒に改善したいと考え、ペンをとりました。
　もう一方の筆者（掛札）は、園における子どものケガ予防のお手伝いをしてきた経験から、ケガをめぐって園と保護者の関係がこじれるケースを多数見てきました。園の先生たちは、「保護者が……」とおっしゃるのですが、よく聞いてみると、ケガ直後の初期対応や、日常の保護者

コミュニケーションに失敗している場合が多数、あることがわかってきたのです。また、以前、編集者をしていた経験とリスク・コミュニケーションの心理学の知識・技術を活かして、園だよりやクラスだより、掲示などの添削をお手伝いするうち、園が発信しているメッセージの中にも、保護者の感情を無用に傷つけたり、不信感をかったりする表現が少なくないことに気づき、対策を考え始めました。

　この本では、このような2人の気持ちをもとに、保育者のコミュニケーション・スキル、苦情対応スキル向上のための基本的な考え方とその方法をまとめています。本書の中でも述べていますが、取り上げている事例は、ほぼすべて「保育者側、園側のコミュニケーション、言動、行動にミスや問題があった」という視点で書かれています。「誰が悪いか」を議論するのが、本書の目的ではないからです。そうではなく、なによりもまず、保育者の側からコミュニケーション・スキルをアップしていくことの大切さをお伝えしたいからです。
　コミュニケーション・スキルを上げ、苦情対応スキルを身につければ、保護者との関係ももっとスムースになります。「コミュニケーションは大事」、皆さん、そうおっしゃいます。「でも、具体的にどうしたらいいのか、わからない」「どうやってスキル・アップしたらいいのか、わからない」ともおっしゃいます。本書が、皆さんのそういった疑問に少しでもお答えするものであるよう、心から願っています。

　平成25年8月

掛札逸美・加藤絵美

も く じ

序 章　コミュニケーション・スキルは誰でも身につけられるもの

- コミュニケーションとは「共有すること」　1
- コミュニケーション・スキルは身につけるもの　2
- 日本だけが遅れている社会スキル教育　4
- コミュニケーションは「観る、聴く、応える」のすべて　8

第1章　良いコミュニケーションの基礎の基礎

- ■「傾聴」の難しさ————————————————12
- ■自分自身のコミュニケーションの癖を知る————————13
- ■自分の感情、言動、行動を意識し、コントロールする————16
- ■なぜ、傾聴をするのか：「聞く」ことの意味————————20
- ■傾聴の基礎————————————————————21
    - (1) 聞いている対象、内容に集中する　21
    - (2) 「聞いている」というシグナルを発する　22
    - (3) 共感の態度を示す　22
    - (4) 判断は下さない　24

第2章　保護者からの苦情やシグナルを活かす

- 苦情が生まれる４つの原因 ——————————————26
- 約４割の保護者は、苦情を心にしまっている ——————30
- 保育園や幼稚園は特に苦情を言い出しにくい場所 ————34
    - (1) 苦情を伝えるには、とてもエネルギーが要る　34
    - (2) 毎日顔を合わせている人には、苦情を言いにくい　34
    - (3) 「些細な心のひっかかり」は言葉にしづらい　35
- シグナルはさまざまな形で現れる ——————————36
- 「サイレント・クレーマー」ほど怖いものはない ————39
- 苦情を直接言う保護者は、大歓迎！ —————————40

第3章　「保育の中の保護者支援」と 「おとな対応としての保護者支援」の違い

- 『保育所保育指針』には「保護者支援」とあるが —————44
- 保護者の心の問題に保育者がかかわることは危険 ————46
- 保育者にしかできない保護者支援を —————————48
- 「私は組織の一員」「保育のプロ」という意識をはっきりもつ
　——————————————————————————51

第4章　園と保育者がしてはいけないこと、すべきこと

■保護者対応、苦情対応の中でしてはいけないこと————————56
　⑴　できない約束をしない　56
　⑵　園の外で起きていることにかかわらない　57
　⑶　過度な要求に応えない。保育の範囲を越えない　58

■園が保護者とのコミュニケーションの中ですべきこと————59
　⑴　リスクについて、しっかりと伝える　59
　⑵　具体的な保育の取り組みを通じて、保護者とコミュニケーションをとる　61
　⑶　保護者からの声を共有する　65
　⑷　保護者からの声の受け取り手を明確にする　66
　⑸　コミュニケーション行動と自分の感情を明確に分ける　67

第5章　保護者とのコミュニケーション、苦情対応の実例

■苦情対応に必要な「3S」の態度————————————————70
■繰り返す嚙みつき事例————————————————————70
　1　嚙みつきに限らず、ケガがあった場合はすぐに連絡を　71
　2　起きたことに対してすぐに謝罪する　73
　3　「誰が嚙んだか」は、伝える必要がない　74
　　　3の亜型1：「誰が嚙んだか」を伝える方針の場合　75
　　　3の亜型2：子どもが保護者に話した場合　75

4 噛んだ側の保護者に「お子さんが他の子を噛みました」と伝えるか 76

5 噛んだ側の保護者の行動にどう対応するか 77

⑴ 相手の保護者に謝罪したいという場合 77

⑵ 知らん顔をしている場合 78

6 噛みつき、ひっかきなどが繰り返される場合 79

7 「噛みつき、ひっかきは集団保育の中では必ず起こること」 79

8 先回りしたリスク・コミュニケーションを 80

■コミュニケーション事例―――――――――――――――――81

1 保護者コミュニケーション事例①

保育者のよけいなひと言：保育士の仕事の外に出てしまう 81

2 保護者コミュニケーション事例②

苦情対応の失敗例：率直に謝罪せず、話をすりかえる 83

3 保護者コミュニケーション事例③

コミュニケーション・ミス：ケガの連絡が遅れる 85

4 保護者コミュニケーション事例④

対応の失敗例：保育者自身の「子どもは〜でなければならない」を押しつける 86

5 保護者コミュニケーション事例⑤

苦情事例：不適切な、対子どもコミュニケーション「子どもをあだ名やからだの特徴などで呼ぶ」 87

6 保護者コミュニケーション事例⑥

コミュニケーションの失敗例：「ご家庭で、しっかり子どもをしつけてください」 88

7 保護者コミュニケーション事例ゼロ
　　苦情事例:「これまでのいろいろなことがあって、保護者との関係がこじれている（ようだ）」 88

■保護者との会話の中で、気をつけたいフレーズ────────90
1 「初めての集団生活なので、葛藤があってあたりまえ」「当然ですよ」 90
2 「注意していたつもりでした。申し訳ありません」「気をつけて見ていたつもりでしたが……」 91
3 「本人（同僚）も悪気はないと思いますが……。申し訳ありません」 91
4 「○○さんはそんなふうに感じておられたのですね、気づかずにいて申し訳ありません」 92
5 「参考になりました」「お疲れさまです」 92
6 「私が子どもを育てたときは……」 93
7 「そんなつもりで言ったわけではありません」「そんなふうには言っていません」 93

■園だより、連絡帳によくあるフレーズ────────────94
1 保護者の多様化、価値観や生活の多様化に合わない表現 94
2 暗に保護者（の生活態度）を責める表現 95
3 園での感動、驚きを保育者が独占している表現 96
4 園のルールを伝える表現 97
5 園の取り組みを伝えない表現 98
6 頭ではわかるものの、「どうしたらいいか」がわからない表現 98
7 子どもの気持ちを「代弁」して、保護者の気持ちを傷つける表現 99

> ステップ・アップ編

① 園長、施設管理者の皆さんへ：苦情対応に関する国際規格
　●苦情は苦くありません　101
　●なぜ苦情は起きてしまうのでしょうか　102
　●園と保護者の良い関係構築のために　104
　●「良い苦情対応」の考え方と苦情対応国際規格（ISO）　105

② 企業の取り組みを聞いてきました！「消費者の声って、どうやって活かしているの？」（TOTO株式会社）　109

③ 園内コミュニケーション研修を続けてきて──成果とこれからの展望──（社会福祉法人柏鳳福祉会　柏鳳保育園）　113

　あとがきと、サポートのご案内　124

もくじ

> **Column＊もくじ**
>
> あなたは「聴き上手」？「話し上手」？　4
> ある朝のこと……　10
> 電話では、なぜ最初の20秒が鍵なのか　27
> お母さんの感情が爆発するとき　29
> 送迎時の会話の切り方、つなぎ方　50
> 人間は「最悪」を考えられない生き物　53
> 「感情」対「理屈」は、闘いにならない　72
> 子どもの「易暗示性」　76
> 苦情は、「実際の感想が期待を下回ったとき」に起こる　103
> 消費者保護って?!　107

> **見開きトピック＊もくじ**
>
> 口癖のワーク　18
> 苦情者のパターン　32
> リスク・コミュニケーションの原則　62

序章
コミュニケーション・スキルは誰でも身につけられるもの

● コミュニケーションとは「共有すること」

 コミュニケーションというと、情報を「聞くこと」「話すこと」「伝えること」「受け取ること」と思っている方が多いのではないでしょうか。実は、コミュニケーション（communication）の語源は、「(皆で) 物を共有すること」なのです。コミュニティ（community）という英語と比べてみると、コミュニケーションと違うのは語尾の部分だけですね。つまり、コミュニティとは、「大切な物を共有する集まり」という意味なのです。こうした言葉が使われ始めた中世、またはそれ以前のヨーロッパでは、電話もありませんし、メールもありません。コミュニケーションというのは、実際の物（大切な物、必需品、資源、共有財産）を分けあうという意味から始まっているのです。

 大切な物、そして、情報や知識、感情、思いといったいろいろなものを共有する――それがコミュニケーションの本来の意味です。ですから、「ただ一方的に言いたいことを言うだけ」や「誰かの話を、『はい』『はい』と聞くだけ」は、本来のコミュニケーションではありません。反対に、ゼロ歳の子どもたちと同じ時間、同じ空間を共有し、生活することは、たとえそこに言葉らしい言葉がなくても、すばらしいコミュニケーションになりうる、ということです。

●コミュニケーション・スキルは身につけるもの

　子どもたちの保育、教育をするためには、保育者であれ保護者であれ、子どもという存在の特徴を理解し（⇒知識）、子どもに合った衣食住を提供できるようになる（⇒技術）ことが必要です。こうした「知識」や「技術」と同じように、コミュニケーション・スキルも、「なぜ、コミュニケーションが大切なのか」「どのようにコミュニケーションすることが最善なのか」といった点を、あらゆる経験を通じて理解し、身につけていくプロセスが大切です。保育の現場でも、「お友だちの話は最後まで聞こうね」「誰かが話しているときに、割り込んじゃダメだよ」と子どもたちに伝えていきますね。私たちは子どもの頃から、相手に配慮しながら情報を共有するための（＝コミュニケーションの）スキルを育てていくわけです。

　「スキル」は、もって生まれるものではありません。前述のように、あらゆる経験を通じて培っていくものです。知識や技術とも、性格や気質とも異なります（次ページの図と解説参照）。つまり、「良いコミュニケーション・スキルを身につけよう」という意志をもち、自分自身の言動を意識しつつ、学び、行動していけば、誰でも必ずある程度のコミュニケーション・スキルを身につけることができます。

　裏を返せば……？　そうです。コミュニケーション・スキルは、意識して学び、行動に移し、「違ったな」と思ったら直していくという過程を積極的に繰り返していかない限り、身につかないのです。「コミュニケーション？　私は生まれつき上手だから大丈夫」、こういう人の中にも、人の話を聞かない、人にうまく話を伝えられない方がいるということは、皆さん、日々の暮らしの中で経験なさっているかもしれません。保育であれ、コミュニケーションであれ、「できるつもり」「わかってい

「スキル」とは…？

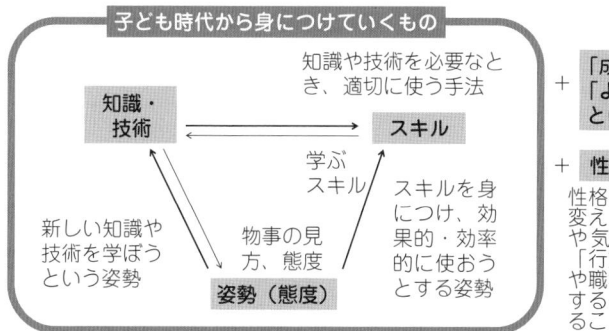

子ども時代から身につけていくもの

- 知識・技術 ←→ スキル
  - 知識や技術を必要なとき、適切に使う手法
- 新しい知識や技術を学ぼうという姿勢
- 物事の見方、態度
- 学ぶスキル
- スキルを身につけ、効果的・効率的に使おうとする姿勢
- 姿勢（態度）

＋「成長しよう」「より良くなろう」という意志、希望

＋ 性格、気質
性格、気質はなかなか変えられないが、性格や気質の表現である「行動」を、対人関係や職場でコントロールするスキルを身につけることはできる

　保育の場合であれば、知識・技術とは別に、その知識や技術を「ある場所で」「ある特定の条件のもとで」「適切に使うべきだと考えることができ」「実際に、その条件に合った形で使える」ことがスキルです。A保育園で培った知識や技術がB保育園でそのまま使えるとは限りません。同じ保育園でも、今日の子どもの条件と明日の子どもの条件は異なります。そのような条件、あるいは条件の変化をとらえて、自分自身の知識や技術をまわりの保育者の知識や技術に合わせて変え、適正化することができる、それがスキルというものです。

　知識、技術、スキルのいずれも、「そんなこと、どうでもいい」という姿勢（態度）が根本にあったら、身につくことも、活用されることもありません。ですから、姿勢も重要な要素です。

　一方、スキルは「後付け」のものですから、ある程度は誰でも習得することができます。「私は内気だから、コミュニケーション・スキルなんて無理」ということはありません。たとえば米国などでは、統合失調症やアスペルガー症候群の人たちが必要な社会スキルを身につけ、人間関係をつくり、仕事をするためのプログラムが実施されています。精神疾患も個人がもっている「特徴」にすぎませんから、本人にスキル習得の意志がある限り、身につけることができるのです。

　さらに、人間ならではの特徴、「意志」や「希望」という要素も見逃すことはできません。スキル、知識、技術のいずれも「身につけよう」「身につけたい」「活かしたい」「伸ばしたい」「身につけられる！」「活かせる！」と思うか思わないかで、習得がまったく変わってしまいます。どんなに素養があっても、意志と希望をもって成長に取り組まない限り、人間は決して育たない。それは、子どももおとなも同じですね。

> ### あなたは「聴き上手」？　「話し上手」？
> *Column*
>
> 　苦情対応が上手な人には、「聴き上手な人」と「話し上手な人」のどちらが多いと思いますか？　確固たるデータはありませんが、多くの苦情対応スタッフをみてきた筆者（加藤）の経験からは、「聴き上手な人」のほうが圧倒的に、苦情対応を難なくこなし、さらには苦情を言ってきた人から「感謝される人」になれます。なぜだと思いますか？
> 　「聴き上手な人」は、もともと自分の話をするよりも、相手の話をじっくり聴くタイプです。「相手の話を聴く」という行為は、相手に関心を寄せ、興味を抱き、近づこうとする第一歩なのです。思い出してみてください。好きな人ができると、好きな人の話をいつまでも聴いていたいと思いませんか？　尊敬する人と一緒に食事をすることになったときは、心地よい緊張感と共に、「この人からいろいろな話を聴いてみたい」という思いが募りますよね。「相手の話をじっくりと聴く」ということは、相手に近づく第一歩、そしてコミュニケーションの第一歩なのです。あなたも、聴き上手になってみましょう。

るつもり」ほど、危険なこと、自分自身の成長をさまたげることはないのですから。

●日本だけが遅れている社会スキル教育

　日本でもここ数年、「職場における若者のコミュニケーション・スキルの低下」が指摘されています。企業が求めているレベルのコミュニケーション・スキルのレベルと、本人たちが「自分にはあるはずだ」と思っているコミュニケーション・スキルのレベルの間には大きなギャップがあります（次ページの図参照）。けれども、コミュニケーションの問

序章　コミュニケーション・スキルは誰でも身につけられるもの

企業と学生の意識のギャップ

> 「身につけておいてほしい能力水準」に企業と学生で大きな意識の差がある。

Q. 自分が既に身につけていると思う能力は？（対学生）
　　学生が既に身につけていると思う能力は？（対企業）

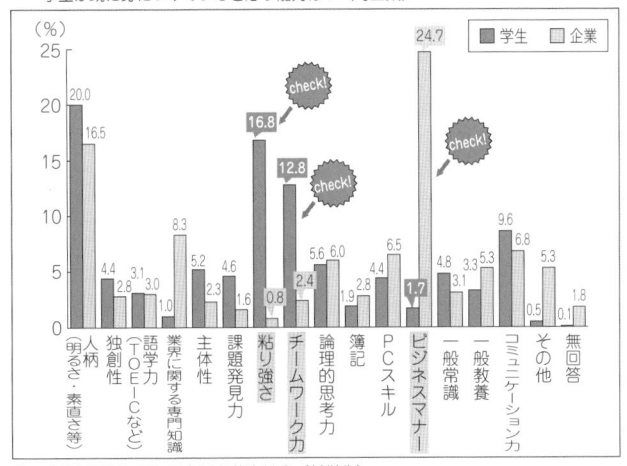

能力	学生(%)	企業(%)
人柄（明るさ・素直さ等）	20.0	16.5
独創性	4.4	2.8
語学力（TOEICなど）	3.1	3.0
業界に関する専門知識	1.0	8.3
主体性	5.2	2.3
課題発見力	4.6	1.6
粘り強さ	16.8	0.8
チームワーク力	12.8	2.4
論理的思考力	5.6	6.0
簿記	1.9	2.8
PCスキル	4.4	6.5
ビジネスマナー	24.7	1.7
一般教養	4.8	3.1
一般常識	5.3	3.3
コミュニケーション力	9.6	6.8
その他	0.5	5.3
無回答	0.1	1.8

Q. 自分に不足していると思う能力は？（対学生）
　　学生に不足していると思う能力は？（対企業）

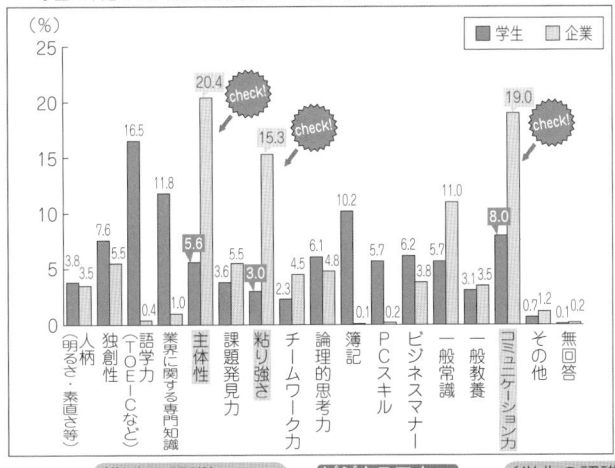

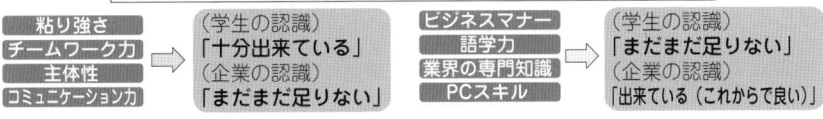

能力	学生(%)	企業(%)
人柄（明るさ・素直さ等）	3.8	3.5
独創性	7.6	5.5
語学力（TOEICなど）	16.5	0.4
業界に関する専門知識	11.8	1.0
主体性	5.6	20.4
課題発見力	3.6	5.5
粘り強さ	3.0	15.3
チームワーク力	2.3	4.5
論理的思考力	6.1	4.8
簿記	10.2	0.2
PCスキル	5.7	0.2
ビジネスマナー	6.2	3.8
一般教養	5.7	11.0
一般常識	3.1	3.5
コミュニケーション力	8.0	19.0
その他	0.7	1.2
無回答	0.1	0.2

- 粘り強さ
- チームワーク力
- 主体性
- コミュニケーション力

→ （学生の認識）「十分出来ている」
　（企業の認識）「まだまだ足りない」

- ビジネスマナー
- 語学力
- 業界の専門知識
- PCスキル

→ （学生の認識）「まだまだ足りない」
　（企業の認識）「出来ている（これからで良い）」

（経済産業省「大学生の『社会人観』の把握と『社会人基礎力』の認知度向上実証に関する調査」平成21年）
〔出典〕http://www.meti.go.jp/policy/kisoryoku/freeitem.htm

題が表出し始めたのが最近ではないことは、皆さん、おわかりだと思います。

欧米各国では、この事実が明らかになり始めた1980年代後半以降、「職場で必要とされている基本的なスキルを社会に出るまでに身につけること」をゴールとして、小学校（あるいはそれ以前）から大学まで、コミュニケーション・スキル習得のための教育やトレーニングを取り入れる努力が進められてきました。いわゆるエンプロイアビリティ・スキル（employability skills、現場で仕事ができる最低限のスキル・セット）、またはもっと一般的に社会スキル（social skills）と呼ばれるものです。コミュニケーション・スキルは、こうしたスキル・セットの一番基礎と位置づけられています（次ページの「37のEmployability skills」の表と「保育の現場で求められるスキル」の図参照）。

日本はこの流れに大きく遅れてきました。経済産業省も有識者会議の検討結果を受けて、2006年以降、「社会人基礎力」という枠組みでエンプロイアビリティ・スキルと同様のスキルの教育を提唱しています（8ページの「社会人基礎力とは」の図参照）。けれども実際には、この言葉自体、ほとんど認知されていないのが現状です。

日本の文化では、「集団の和」を尊び、「言わなくてもわかる」「行間を読む」を美徳とし、争いを避ける文化だという自負のもと、意識的なスキル形成・習得の必要性を感じてこなかったのかもしれません。けれども、こうした日本社会の良さは、急速に消えつつあります。「言わなくては、お互いわからない」文化に移行しつつある中で、「どう言えばいいのか知らない」「どう聞けばいいのかわからない」と悩んでいる人が多いようです。保育の現場でも、保護者とうまくコミュニケーションをとれない保育者がいたり、保育者とうまくコミュニケーションをとれない保護者がいたり……。さまざまな問題が浮上しています。

37のEmployability skills（米国、1991）

- **基礎スキル**：読む、書く、四則計算、算数、聞く、話す
- **考えるスキル**：創造的思考、意思決定、課題解決、思考の可視化、学び方、論理的思考
- **情報スキル**：収集・評価、まとめる、伝える、コンピュータを用いる
- **マネジメント・スキル**：時間、お金、資材・施設、人材
- **仕事に関連する個人の質**：責任をもってタスクに取り組む、課せられた責任を理解し自分の行動が他に及ぼす影響を理解、社会性、自身に課せられたタスクをマネジメントできる、個人と社会をより良くする方向に向けて寄与する意識
- **組　織**：チームに参加、教える、顧客対応、リーダーシップ、交渉、多様性の中で働く
- **システム全体を見る**：組織の理解、組織の課題解決、組織の改善
- **テクノロジー**：適切な技術を選ぶ、用いる、課題解決

保育の現場で求められるスキル

新卒（リーダーシップの現状）　―――――――→　真のリーダーシップ

考える、課題を解決する
- 生産的議論の基礎：論理的に考える（感情的、口から出まかせ、売り言葉に買い言葉、ではなく）
- 課題解決の基礎：客観的に（自分自身の考えも精査しながら）、思考の質を高める努力をする。与えられた課題を、多様な情報をもとに、多方面から徹底的に検討する　→複雑な課題の解決
- 思いこみの打破。「変化」をマネジメントする：前の2段階がある程度「できあがった」場合や、思考の枠組みや解決方法が固まってしまった場合、それを壊し、柔軟性を取り戻す。大きな変化への対応力をつける

学ぶ、教える
- 学ぶスキル（成長に合わせてアップ）
- 教えるスキル（成長に合わせてアップ）
- 会話の場の作り方（会議進行等）
- 他人を動かす（適切に指示を出す、動機づける、変える）話し方、聞き方

聞く、伝える、場を作る、動かす
- コミュニケーションの基礎（会話、文章、メール）
- 伝えるべき内容を的確に伝えられる。人の話の内容をそのまま受けとめられる（感情的にならずに）
- 他人に働きかける話し方、聞き方
- 共感を表現できる。最低限の苦情対応ができる
- 異文化（異言語）コミュニケーション（業種、国）

感情、言動、行動を意識し、コントロールする
- 最低限のタイム・マネジメント→短期的タスク・マネジメント（重圧でパニックを起こさない）→長期的タスク・マネジメント
- 自分の感情、言動、行動を意識し、常に見守る
- 自分の感情を見守りながら、問題が起きないよう、言動・行動を意識的に適切にコントロールする
- 言動、行動だけでなく、自分の「ものの見方の枠組み」や感情も操作し、他人に効果的に働きかける

（掛札、2012）

*この図では、米国の「働く人に求められるスキル」（Employability skills、上表）などをもとに、保育の現場で求められる一般的なスキルを、レベルの変化と共に記している。

社会人基礎力とは
(3つの能力／12の要素)

前に踏み出す力（アクション） 〜一歩前に踏み出し、失敗しても粘り強く取り組む力〜
- **主体性**　物事に進んで取り組む力
- **働きかけ力**　他人に働きかけ巻き込む力
- **実行力**　目的を設定し確実に行動する力

考え抜く力（シンキング） 〜疑問を持ち、考え抜く力〜
- **課題発見力**　現状を分析し目的や課題を明らかにする力
- **計画力**　課題の解決に向けたプロセスを明らかにし準備する力
- **創造力**　新しい価値を生み出す力

チームで働く力（チームワーク） 〜多様な人々とともに、目標に向けて協力する力〜
- **発信力**　自分の意見をわかりやすく伝える力
- **傾聴力**　相手の意見を丁寧に聴く力
- **柔軟性**　意見の違いや立場の違いを理解する力
- **情況把握力**　自分と周囲の人々や物事との関係性を理解する力
- **規律性**　社会のルールや人との約束を守る力
- **ストレスコントロール力**　ストレスの発生源に対応する力

〔出典〕http://www.meti.go.jp/policy/kisoryoku/about.htm

●コミュニケーションは「観る、聴く、応える」のすべて

　よく保育者の方から「突然、保護者からこんな苦情（注）を言われてしまった」「普通の人だと思っていた親が、急にクレーマーになってしまった」という話を耳にします。けれども、園や保育者にとって身に覚えのない苦情が、ある日突然降って湧いてくる、ということはあるのでしょうか？

　そしてある日突然、保護者が「クレーマー」に変身する、ということは起こるのでしょうか？　これまでの苦情対応の経験や保育園の苦情対応のコンサルティング経験からみると、何の根拠もなく「突然降って湧いてくる」ということは実はほとんどない、と考えていいでしょう。大部分の苦情の裏には、苦情を申し立てる側にそれなりの「長い物語（ストーリー）」や「深い理由」が隠されているものです。そして、保護者か

序　章　コミュニケーション・スキルは誰でも身につけられるもの

らのシグナルは、「苦情」になる前から発信されているはずなのです。保育者側がそれに気づいていないとすれば、表面的には「突然のクレーム」「身に覚えのないクレーム」と見えてしまうかもしれません。

　コミュニケーション・スキルは、「何か問題が起こったとき、うまく切り抜ける技術」でも「相手を丸め込む小手先の話術」でもありません。最も大切なのは、

① 人が発している何らかのシグナルに気づき、それを観察すること（観る）。
② 人の言葉を聞き、観察し、相手の心を読むこと（聴く）。
③ 相手の心を受けとめること（応える）。

　しっかりと観て、聴いて、「私は、あなたのこういうシグナルを受けとめましたよ」と応えていくことがコミュニケーションです。このコミュニケーションが欠けてしまうと、保護者の不安や不満を察知することが遅れてしまいます。不安や不満はだんだん大きくなっていくかもしれません。「気づいてもらえない」という気持ちが、新たな不満を生んでいくかもしれません。ですから、ことが大きくなる前に、シグナルを見逃さないようにしなくてはならないのです。そのためには、「観る」「聴く」「応える」力を向上させるトレーニングが必要になるわけです。

注）「苦情」とは、利用者の不満足の表明で、組織（保育園、幼稚園）による解決（対応）が明示的・暗示的に求められているものを指します。一方、表面的には「利用者の不満足の表明（苦情）」と類似していても、実は「法外な要求」「組織に対する営業妨害行為」「執拗ないやがらせ」などの要素を含んだものをしばしば「難クレーム」と呼んでいます。
　また、上の「難クレーム」を言う人を「クレーマー」と呼びます。苦情申立者の全員が「クレーマー」ではありませんので、保護者や地域住民に対して「クレーマー印」を早々に押すのは絶対に避けなくてはいけません。

ある朝のこと……

Column

　お泊まり保育では、子どもが親から離れ、保育者と長い時間を過ごします。保育者と子どもたちの間だけでなく、保育者と保護者との間にも信頼関係が育まれる重要なイベントですよね。

　楽しみにしていたお泊まり保育が終わって、さあ、また今日から保育園。しかしA君は泣きやまず、保育園に行きたがりません。「どうしたの？」とお母さんが聞くと、「○○先生に、牙が生えてしまったの。夜のおばけやしきで先生が追いかけてきたの」と言います。実は、お泊まり保育の夜の大イベント「おばけやしき」で、先生方は１か月以上前から仮装の準備をしていました。１年に一度の大切な行事ですから、先生方にも力が入って当然です。しかし、３月生まれだったA君は同級生よりも少し成長が遅れていて、先生に牙が生えたことを「本当だ」と思ってしまったのです。

　お母さんは早速先生に、「うちの子、○○先生に牙が生えてしまって恐いから保育園へ行きたくない、と言うんですよ。ちょっと困っちゃって……」と話してみました。するとどうでしょう！先生は「大丈夫ですよ！　みんな、あれは嘘のことってわかっていますから！　いつも通りにお子さんと接してくださいね！」と明るく返してきたのです。このとき、このお母さんはどのように感じたでしょうか？

　　□「先生、どうしてもっと親身に考えてくれないのかしら」
　　□「お泊まり保育で何があったのかを知りたかったのに」
　　□「他の子は理解していても、うちの子は理解していないのよ」
　　□「あれ？　私の言っている意味が先生には通じていないかしら？」

　この瞬間に、保育者と保護者の間のボタンのかけ違いが発生してしまったのです。このボタンのかけ違いは、後々、致命的なクレームへと発展する予兆だったのです。（続きは29ページのコラムへ）

第1章

良いコミュニケーションの基礎の基礎

「傾聴」の難しさ

　コミュニケーションの基礎といえば、「傾聴（アクティブ・リスニング）」と言われます。実際に研修などで傾聴を学んだ方もいらっしゃることでしょう。確かに、傾聴を身につければ、保護者の話を共感的に聞き、保護者が発している情報（言語、非言語の情報）をしっかり受けとめ、自分が次にとるべきコミュニケーション（何を、どのように言うべきか）を考えることができます。

　しかし、この傾聴、そう簡単にできるものではありません。なぜかというと、「傾聴ができる」ということは、傾聴が必要とされているときに、最低でも次の4つが同時並行でできること、だからです。

① 自分の聞き方と話し方の癖を自覚した上で、それを意識的にコントロールし、相手に悪い印象をもたれないようにすることができる。
② 自分の価値観を相手に強要しない。
③ 自分の感情、言動、行動を自覚し、それぞれのマイナスの面もプラスの面もコントロールできる。
④ 傾聴の重要性を認識し、それをコミュニケーションの中で意識的に実践できる。

　一般的な傾聴の研修では、④に重点的に取り組みます。しかし、①～③ができなければ、④の「意識的に」という部分はできません。話し方や聞き方の癖、価値観は、人の心の中に深く根づいているものですから、意識しない状態にあると、言動の中にひょっこりと顔を出します。すると、それが邪魔をして傾聴を難しくするのです。また、自分の感情もコントロールできずにいたのでは、傾聴どころではありません。保護

者と話すとき、特に、保護者の苦情を聞くときには、こちらの感情は大きく揺れ動くでしょう。その感情を意識してコントロールしなければ、「つい」「うっかり」感情に動かされ、言うべきではないひと言を口にしてしまうことになるのです。

とはいえ、上の一連の行動もスキルのひとつですから、トレーニングを続ければ誰でもほぼ必ず身につけることができます（得手不得手はあります）。筆者（掛札）は、保育者を対象にしたコミュニケーション・トレーニングに取り組んでいますが、実際、「変わりたい」「よりよいコミュニケーション・スキルを身につけたい」と思う先生たちは、どんどん変わっていきます。容易には身につかないスキルであるだけに、だんだんと身についていけば自分自身でもその変化がわかり、「もっと取り組もう」という気持ちになっていくようです。

以下にその内容の一部を紹介します。②の「価値観」の部分は長くなるので割愛しますが、第5章の「コミュニケーションの失敗事例」の中で、保育者の価値観やものの見方の枠組みが問題となるケースをいくつか紹介します。

自分自身のコミュニケーションの癖を知る

聞き方、話し方の癖、価値観の枠組みを自分一人で理解することは、とても難しいものです。なぜなら、人間には必ず「自分では気づかない自分」「自分では気づきたくない自分」があるからです。一方で、実際には実践できていないのに「できているつもりになっている自分」や、「よく見せたいと虚勢を張っている自分」もいます。

これは人間であれば誰でもそうですので、「ダメ」と否定しているわ

けではありません。ただ、意識にのぼっていない部分は、どうしてもコントロールしにくい、傾聴行動の邪魔をしやすいということです。信頼できる人たちとともに、コミュニケーションのワークに取り組むことで、「見えなかった自分」や「見たくなかった自分」「作っていた自分」などに気づくことができるようになります。

　たとえば、筆者（掛札）がワークショップで使うチェック・シートの一部を次ページに示しました。どちらも、聞き方、話し方の癖に気づくためのものです。Ａのシートは、セルフ・チェックのためのもので、このシートの裏面に書かれた特徴的な癖の例をなんとなく頭に入れたうえで、一定期間、日常のコミュニケーションの中で自分の癖を意識してもらいます。すると、「あ、私、この人と話しているときは、こんなふうに聞いているんだ！」「確かに、こんな話し方をしていたんだ！」と気づきます。気づいたからといって、すぐに聞き方、話し方を変えられるわけではありません。気づきはあくまでも、「変えたい」「変えよう」という動機をもつ、最初の一歩です。

　家族や親しい友人が相手なら、「べつに変えたくない」「自分はこのままでいい」という選択肢もありえます。しかし、仕事の場では、プロとしてのマナーとスキルは身につけるべき。これは、どの業界でも同じでしょう。そうなると、自分で「変えよう」「変わろう」「変わりたい」「変われる」と思うかどうか（序章で説明した「態度」「意志と希望」の部分）が鍵になります。

　もうひとつのシートＢは、他己評価を目的としたものです。保育の現場、特に園内コミュニケーションの中で気になる「他人のコミュニケーションの癖」を伝えあうために作られています。保育者、職員の間にある程度の信頼感がなければ、絶対にできない他己評価ですが、ワークショップの中では集団の中の信頼感をさらに強めつつ、「自分では気づ

第1章　良いコミュニケーションの基礎の基礎

シートA（一部）

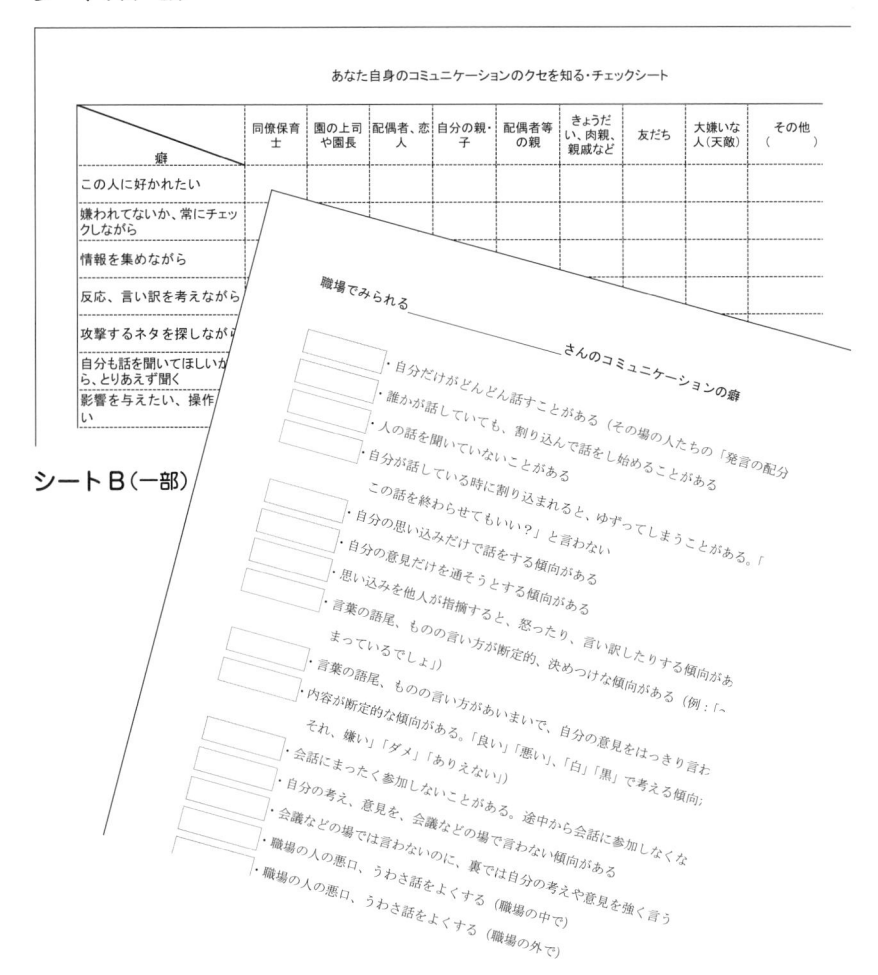

癖＼	同僚保育士	園の上司や園長	配偶者、恋人	自分の親・子	配偶者等の親	きょうだい、肉親、親戚など	友だち	大嫌いな人（天敵）	その他（　　）
この人に好かれたい									
嫌われてないか、常にチェックしながら									
情報を集めながら									
反応、言い訳を考えながら									
攻撃するネタを探しながら									
自分も話を聞いてほしいから、とりあえず聞く									
影響を与えたい、操作したい									

シートB（一部）

職場でみられる　　　　　　さんのコミュニケーションの癖

- □・自分だけがどんどん話すことがある
- □・誰かが話していても、割り込んで話をし始めることがある（その場の人たちの「発言の配分」）
- □・人の話を聞いていても、割り込んで話をし始めることがある
- □・自分が話している時に割り込まれると、ゆずってしまうことがある。「この話を終わらせてもいい？」と言わない
- □・自分の思い込みだけで話をする傾向がある
- □・思い込みを他人が指摘すると、怒ったり、言い訳したりする傾向がある
- □・言葉の語尾、ものの言い方が断定的、決めつけな傾向がある（例：「〜まっているでしょ」）
- □・言葉の語尾、ものの言い方があいまいで、自分の意見をはっきり言わない
- □・内容が断定的な傾向がある。「良い」「悪い」「白」「黒」で考える傾向；それ、嫌い」「ダメ」「ありえない」
- □・会話にまったく参加しないことがある。途中から会話に参加しなくなる
- □・自分の考え、意見を、会議などの場で言わない傾向がある
- □・会議などの場では言わないのに、裏では自分の考えや意見を強く言う
- □・職場の人の悪口、うわさ話をよくする（職場の中で）
- □・職場の人の悪口、うわさ話をよくする（職場の外で）

かない自分」を理解する方法として利用しています。このシートを使うと、職場の中で問題を生みがちなコミュニケーションの癖を他の参加者（一緒に働く職員）から教えてもらうことができます。

　A、Bどちらのシートに書かれている癖も、傾聴を難しくするものば

15

かりです。ですから、自分の癖を理解して、さらにはきちんと意識することができるようになれば、保護者コミュニケーションでも園内コミュニケーションでも、「あの癖が出ると〜だから、出さないようにしよう」「こういう言い方に変えよう」と意識して行動することができ、必要なときにはしっかりと傾聴ができるようになります。

自分の感情、言動、行動を意識し、コントロールする

「ついカッとなって」や「思わず口がすべって」、あるいは「うっかり手が出て」といったことは、誰にでもあることでしょう。しかし保育の場で子どもや保護者に対して「つい」「うっかり」「思わず」をしてしまうと、大きな問題になることもあります。最悪の場合、深刻な事故につながることもあります。子どもや保護者と接するときには、自らの感情、言動、行動を意識し、それをコントロールすることが、「保育のプロ」ではないでしょうか。

「意識する」と抽象的に言っていますが、実際には、どうしたらよいのでしょうか？　筆者（掛札）が研修やワークショップ、個人のコンサルティング（一種のコーチング）で使うのは、「肩の上のこびとさん」という表現です（人である必要はないので、それぞれの方が好きな動物やキャラクターで「肩の上の〇〇さん」を設定してもらいます）。「肩の上の〇〇さん」の役目は、本人の言動や行動を客観的にとらえ、瞬間瞬間に「ほら、そういう言い方をしたら、こう解釈されてしまうよ。〜という言い方をしたら？」「そこで、もっとしっかり笑顔になって！」といったアドバイスをすることです。これは「自分自身を意識する（self-awareness。否定的な意味の「自意識」とはまったく異なる）」ひとつの方法です。簡単に言えば、

「自分を客観的に見ているもう一人の自分」を育てる、ということになります。

　人間はたいてい、肩の上のこびとさんをもっています。「ああ、あんなこと、言うんじゃなかった！」「なんで、あんなこと、しちゃったんだろう」「どうして怒鳴っちゃったんだろう」……、こびとさんたちの従来の仕事は、後悔や反省、自責です。でも、後悔先に立たず。ならば、こびとさんたちに少し成長してもらって（＝自分自身の意識を成長させて）、後悔するようなことを言う前に、する前に、「この間はそれで後悔したよね。だから、今度はこう言おう」「こう行動しよう」と考えられるようになり、実際にできるようになればいいのです。

　これまで、何十人もの保育者の方にこの方法をくわしくお伝えしてきましたが、もともと後悔や反省をしがちな方は、「肩の上の〇〇さん」をつくることが比較的容易なようです。後悔したり自分を責めたりしている自分自身をも客観的にみつめることができるようになることで、ネガティブな感情や精神的ストレスをコントロールすることにも役立っています。

　次ページに、「言動を意識する」ために私がコミュニケーションの研修で使っている「口癖のワーク」を紹介しました。誰にでも必ずある口癖に気づき、意識し、必要ならその口癖を変える（やめる）というワークです。取り組んでみて、「自分を見ている自分」を少し味わってみてください。

口癖のワーク

　これは、「その場で試して終わり」のワークではなく、継続的に続けていくワークの最初の部分ですが、まずは「自分を意識してみる感じ」を味わってみてください。

❶ 口癖を選ぶ
　自分の口癖をひとつ、選びます。関東地方では、「ありがとう」「ごめんなさい」両方の意味で多用される「すみません」を使うことが多いのですが、「すみません」を使わない地域では、ご自身の口癖を選んでください。関東地方の方でも、ご自身で気になっている口癖があれば、それを使ってください。この時点で、「え、私の口癖？」と悩む方がいらっしゃいます。そのような場合は、日常生活の中でご自身の口癖に気づくところから始めましょう。

❷ 口癖を意識する
　最初の数日間、その口癖（または「すみません」）を口にするたびに、「あ、言った」「また、言った」「さっき、言ったような気がする」と、自分の頭の中で意識します。「言っちゃった！」「しまった！」と反省する必要はありません。「口癖を口にする」という行動を、そのつど意識するだけです。

❸ 口癖を変える、やめる（置き換える）
　継続的に意識できるようになったら、口癖を変えてみる、あるいは他の言葉に置き換えていきます。特に、気づいた口癖が社会人として問題のあるものの場合は、他の言葉に置き換えましょう。「あ、また言った」と気づいた瞬間に、別の言葉に変えるのです。
　「すみません」の場合、「ありがとう」なのか「ごめんなさい」なのかを判断して、まず、「ありがとう」の意味の「すみません」は「ありが

とう」に変えていきます。これは数週間かかるかもしれません。一度は変えられても、意識しなくなると元通り、という場合もあります。

　たとえば、口癖として「ホント？」「本当ですか？」を多用する方がいます。とても良いニュースを聞いたときに明るい驚きをこめて「本当ですか⁈」と言うならかまいませんが、日常の会話の中で「本当？」を多用すると、「疑っているのか」と不快に感じる受け手もいます。特に園の場合、「うちの子がケガをしたんですよ」と話す保護者に対して、「本当ですか？」と返答するのが危険であることは、おわかりいただけますよね。

　「本当？」は、たとえば「そうなんですね」「そうなんですか」「ええ」「ふーん」など、その場の状況に応じて、さまざまな言い方で置き換えることができます。

❹ 園の中で取り組んでいく

　このワークはもちろん一人でもできますが、園の中でも取り組むことをお勧めします。お互いの変化をほめあうことができるからです。「あなた、また言ったでしょ」「また口癖言って。ダメじゃない！」と責めてはいけません。「意識する」「変える」は、本人の意志に任されているのですから。そして、変化が見えてきたら、お互いをほめるのです。

　たとえば、「本当？」をやめて他の言葉に変えていくと、その人の言葉のレパートリーが増えていきます。あるいは、それまで「すみません」がとびかっていた園に「ありがとう」が聞こえるようになります。「変わっていこうとしている私たち（園）」を感じることができる——それは園全体のコミュニケーションを変える、すばらしい第一歩になるでしょう。

なぜ、傾聴をするのか：「聞く」ことの意味

人の話を「聞く」(聴く)ことには、3つのタイプ(働き)があります。

●タイプ⑴　情報を集める、理解するための「聞く」

情報を集めるために聞く、内容を理解するために聞く。これは毎日、私たちがしていることです。たとえば、ニュース番組を聞く場合などがそうです。けれども、「聞いていれば、頭に入ってくる」というものではなく、通常は多くても半分ぐらいの内容しか記憶に残らないということがわかっています。

●タイプ⑵　会話を進め、相手の真意を「聴く」

本書の冒頭で述べたように、コミュニケーションとは「大切なものを分けあう」行動です。一人ひとりが持ち寄った大切なものをカバンの中から取り出し、テーブルに並べ、少しずつ分けていくところをイメージしてみてください。会話も同じです。誰か一人がテーブルの上に自分のものばかりを並べてしまったら？　または、何もテーブルに出さない人がいたら？　それは「大切なものを分けあう」ことにはなりません。他の人が言っていることをしっかりと受けとめ、しっかり言葉を返していく。自分自身が効果的に話すためには、まずしっかりと聞かなければならないのです。

これができるようになったら、相手がカバンの中に隠し持っているものもテーブルの上に出してもらうために、「聞く」レベルから「聴く」レベルまで引き上げなければいけません。それはたとえば、視線、座り方、発声方法、物腰など、ありとあらゆる要素を効果的に演出し、こちらを信頼してもらい、相手が持っているものを出してもらうことなのです。これは、相手の心の奥にしまってある言葉や気持ちを少しずつ引き

出す技術です。

●タイプ(3)　「あなたの話をしっかりと受けとめています」という共感メッセージを示す

「聞くこと」のもつ最も大事な機能、特に、傾聴がもっている非常に大切な目的は、「相手に共感を示す」ことです。「そうなんですか」「大変ですね」「申し訳ございません」といった具体的な言葉で共感を表すことではありません。「聞く」という行動そのものが共感を示すことであり、相手に「ああ、この人は私の話を受けとめてくれている」「聞いてくれている」という実感を残すことになります。

保護者コミュニケーションでは、この３つの働きがどれも重要になりますが、特に３つめの「共感を示す」は、ぜひとも身につけたいスキルです。傾聴の基本の部分では、こちらから相手を慰める言葉をかけたり、怒りをおさめる言葉を発したり、相手に何かを教えたりする必要はありません。ですから、傾聴に徹している限り、「つい」「うっかり」よけいなことを言う、ということはなくなります。なおかつ、傾聴をすることで相手に共感を示すことができるのですから、一石二鳥です。

傾聴の基礎

(1)　聞いている対象、内容に集中する

これは、傾聴スキルの３つの機能にかかわらず、必要なポイントです。集中するための基本的な行動は次の２つです。

　ａ）話し手を見、ボディ・ランゲージや表情などもくみとる。ただ

し、深読みをする必要はない。深読みをし始めたら、そちらに気をとられてしまうので。
　ｂ）別のことや、話し手に対する反論、疑問などを考えない。別のことを考え始めたら、意識して話し手の姿、声に気持ちを戻す。

(2) 「聞いている」というシグナルを発する

　この段階では、
　ａ）適切にうなずく。
　ｂ）「はい」「そうですね」「ああ」といった反応を返す。
　ｃ）「聞いている」姿勢で、
　ｄ）その会話に適切な表情をする。
といった態度を示します。

　聞いているときの姿勢や表情も重要です。たとえば、話をしているときに、自分のからだに手を回したり、腕組みをしたりすると、「拒絶されている」と受け取られる可能性があります。相手が怒っているのに、こちらが笑顔を見せたりするのは、逆効果です。聞き方や話し方の癖同様、人にはそれぞれ表情の癖もあります。自分でも気がつかない間に、顔をしかめていたり、目をそらしていたりするものです。日本人の中には相手の目をしっかり見て話をすることが苦手な人も少なからずいますが、真剣な話をしているときにまったく視線が合わないと、相手は「この人、私の言うことを聞いているのかしら」と思う可能性があります。ずっと目を見ていることはできなくても、相手の顔に視線を向けておきましょう。

(3) 共感の態度を示す

　会議などであれば、(2)だけでも聞き手は十分、「聞いてくれている」

という気持ちになります。しかし、一対一の場合、これだけでは「うなずいているだけじゃない、この人」「ほんとに聞いているのかな」という気持ちにもなります。そこで一歩進んで、共感のシグナルを出すことが必要になります。ただし、この手法はうまくいかないと逆に会話をぎくしゃくさせてしまいますから、毎日の会話の中で意識しながら、少しずつトレーニングしていきましょう。

　具体的な方法は、次の3つです。

　　a）相手の話の中から、大切な言葉、感情表現の言葉といったものを拾い上げ、そのままの単語や短いフレーズとして伝え返す。

　　b）相手の話を要約して、「〜ということなんですね」「〜という気持ちなんですね」と伝え返す。

　　c）わからなかったところ、解釈が難しいところについて、「〜は、こういうことですか？」「〜ということかなと思ったんですが、合っていますか？」というふうに軽い質問にして伝え返す。問い詰めるのではありません。

　たとえ単語で、それも小さな声で「心配だったんですね」「昨日の11時ごろですか」と返すだけでも、相手は「聞いてくれている」という感情をもちます。そして、大事な単語を返すと、聞いているこちら側の記憶にも残るのです。「ああ、そう」「はい、はい」と聞いているだけでは、右から左に情報は通り抜けていきます。でも、大事な単語を繰り返すと、相手の言葉だけでなく、自分が口を動かして発した言葉、さらにそれを自分の耳で聞いた言葉になりますから、記憶に残りやすくなります。

　しかし、単語の伝え返しにしても要約や質問にしても、話している人の声にかぶさるような大きな声で、長々とするのは禁忌です。そうすると、こちらが会話の主導権を奪ってしまい、相手の「話す気持ち」を奪っ

てしまうからです。あくまでも「聞く側」という立場に徹し、話している内容を邪魔しないように言葉を発するトレーニングを地道に続けてください。

(4) 判断は下さない

　人間には好き嫌いがあります。良し悪し（善悪）を決めたいという気持ちもあります。しかし、話を聞きながらそうした判断を下す必要はありません。判断を下しながら聞いていると、上の(1)〜(3)のような傾聴行動もおろそかになり、相手はすぐに、「あ、この人は聞いてないな」と気づきます。また、相手の話の中身についていろいろと判断をしながら聞いているわけですから、ついうっかり、その気持ちが言葉に出てしまいかねません。傾聴行動に専念するということは、「しっかり聞く」「しっかり共感する」だけでなく、「うっかり、よけいなことを言わない」という結果にも結びつくのです。

　後になって、自分が会話の途中にいろいろなことを考えていたと気づいたら、あるいは、ついよけいなことを言ってしまったら、それは自分自身の価値観やものの見方の枠組み、感情の動きに気づく絶好の機会です。「ああ、私はこういうふうにあの人を見ているんだ」「こういうことを言われると、私はすごく動揺するんだなあ」「この手の話題は、不得意なのかも」「あんな言い方せずに、〜と言えばよかったのに」……、そういったことにひとつずつ気づいていくと、より効果的なコミュニケーション・スキルを自分の中でつくっていくことができるようになります。

第2章

保護者からの苦情やシグナルを活かす

苦情が生まれる4つの原因

　「コミュニケーション・スキル」と「苦情対応スキル」は、同義ではありません。苦情対応スキルは、コミュニケーション・スキルのごくごく一部です。とは言っても、苦情対応事例から、私たちはコミュニケーションのあり方の多くを学ぶことができます。同時に、他人の失敗事例から「しまった！　こういう言い方で私も人を傷つけていたんだ！」と気づくことは、「次回は気をつけよう」「もっと学ぼう」という動機づけにもなっていきます。ですから、ここでは、特に苦情（対応）についてお話ししたいと思います。

　苦情の事例を一つひとつ分析していくと、いくつかのパターンが現れてきます。子どものケンカやケガが発端となっている苦情、園の体制に対する苦情、保育者の資質に対する苦情など、さまざまです。しかしどの事象にも共通して言えることは、原因の上に、保護者の感情が付加されるということです（次ページの図）。たとえ些細な原因でも、保護者の受けとめ方には個人差がありますので、怒りが表出する人もいれば、ぐっと我慢して内に秘める人もいます。ここで皆さんに気づいていただきたいのは、表面に見えている感情の大小（強さ）に惑わされてはいけないという点です。保育者が目を向けるべきは、「原因の特定」であり、「再発防止」なのです。相手の「感情」ではありません。

　一般的には、苦情となりうる原因が発生してから時間がたつにつれ、内なる感情が抑えられなくなり、感情が表出します。本書でいう「シグナル」は、この「内なる感情」から発せられるさまざまなメッセージです。ですから、内なる感情をできるだけ早いタイミングで察知することが、事態の悪化を防ぐひとつの方法となります。ところが、保育者や園

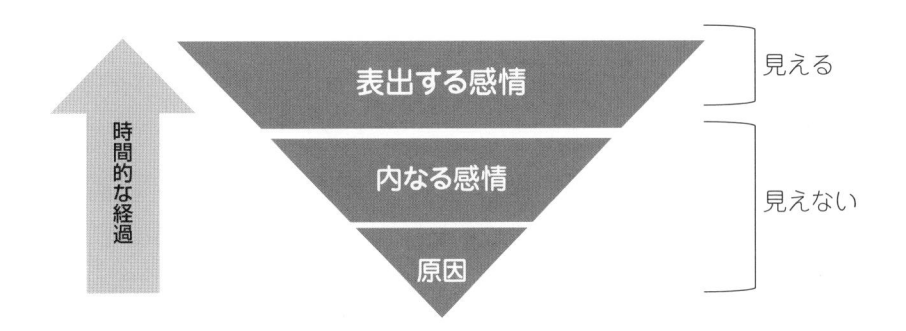

```
時間的な経過 ↑
表出する感情 } 見える
内なる感情
原因 } 見えない
```

がこうしたシグナルを見落としていることがあります。苦情につながるひとつめのパターンであり、「先生に牙が生えた！」の事例（10ページ参照）は、この典型例とも言えます。

内なる感情から発せられるシグナルは、どのように読み解けばいいのでしょうか。シグナルとしては、「目が合ったとき」「すれ違ったとき」「あいさつを交わしたとき」「保護者が園に入ってきたとき」などの、

電話では、なぜ最初の20秒が鍵なのか
Column

電話対応では、相手の顔が見えません。声だけがコミュニケーション・ツールなのです。「声の第一印象」は、その後の苦情対応の行方を左右すると言われています。ですから、民間企業のお客様相談室に電話をすると、たいていの場合、明るく企業名と担当者名を名乗りますよね。しかし、もしも電話の先の消費者が怒っているのに、電話対応者が明るい声をずっと出し続けていたらどうなりますか？　消費者は、「こっちは真剣に困っているのに、そんなに楽しそうに話すとはなにごとだ！」と怒りが倍増してしまいます。ですから、苦情対応をする人は、最初の20秒の間に苦情内容を把握し、どのように着地させるかなどを想定する習慣がつくようになります。また、上級者になると、最初の20秒のうちに消費者の性格まで読めるようになります。

瞬間の「表情」「声」「目つき」「姿勢」「歩き方」といった点が最初のヒントになります。電話の場合、顔の表情は見えません。そのため、苦情対応のプロは「声」、特に「第一声」(話し始めた最初の20秒。前ページのコラム参照)で、内なる感情を見きわめます。保育現場では、日常的に保護者と話をし、連絡帳のやりとりもします。そうしたコミュニケーションの中にある小さなシグナルに気づき、すぐ対応することで、保護者の「不安」「心配」「いらだち」などのネガティブな感情が増大する前に、解決に導くことができます。

　一方、保育者自身が「苦情の種」をまいているケースも少なくありません。「苦情になってしまって当然」の行動や言動を、日常的に保護者に対して、あるいは子どもに対してとっている保育者もいます。本書の主旨からははずれますので詳細は書きませんが、①社会人としての常識に欠ける言葉づかいや立ち居振る舞い、②子どもに対するぞんざいで乱暴な言動、③プライバシーの軽視・侵害、④未熟な保育、といった点です。「保育中は保護者が見ていないのだから大丈夫」と思うのかもしれませんが、保育中の行動や言動が保護者に透けて見えないわけがないのです。

　さらに、保育者が保護者とのコミュニケーションの中で、苦情を育てているケースもあります。保護者がもっている多様な価値観、考え方を踏みにじり、価値観を押しつけるようなメッセージを無意識に出し続けているような場合、または、保育の枠を超えた「よけいなこと」を保育者が口にしている場合です。後ほど具体例を挙げていきますが、実は今、出版されている「保護者とのコミュニケーション」「苦情対応」をテーマにした本の中にも、明らかに苦情を育ててしまうやりとりが存在します。

　最後に、事故やケガ、病気といったできごとが起きたとき、保護者と

お母さんの感情が爆発するとき

Column

〔10ページのコラムの続きです。〕

1週間後、A君は先生に牙が生えたことを「本当だ」と思い込んだまま、しぶしぶ登園するようになりました。一方、お母さんはとても悩んでいました。「あの牙は嘘よ」と言えば、先生が嘘をついたことになってしまう。かといって、「先生の牙は、普段は見えないから大丈夫よ」と言えば、先生に牙が生えていることを暗に認めてしまうことになる。解決策が見つからなかったのです。

1か月が経ったころ、お母さんは保育園から呼び出されました。「どうしたのだろう」と行ってみると、園長が「最近A君は、○○先生の言うことを聞きません。自立心が芽生える時期ですから、反抗する態度をとるのもいたしかたないとは思っているのですが、何かご家庭でありましたでしょうか」と言うではありませんか。

「牙」のことでずっと悩んでいたお母さんは、我慢していた気持ちがここで爆発してしまいました。涙をボロボロと流しながら、「うちの子は3月生まれなんです。ほかの子より、育ちが遅いんです。先生に牙が生えたことを、今でも本当だと思い込んでいるのです。だから、○○先生のことが怖くて、近づけないんではないでしょうか。このこと、お泊まり保育が終わった直後、先生に相談しましたよね、『困っています』って。それなのに、今になってどうして、『私の家庭で何かあったのか』なんて聞くんですか？ ご自分たちがした仮装が原因だとは、これっぽっちも思わないんですか!? このこと、役所に訴えます！」と言い張りました。

そうですよね。このお母さんは確かに1か月前、「困っているんです」と担任の先生に相談をしていましたよね。そのときの先生の反応を思い出してみてください。先生がお母さんの気持ちをくみ取ることなく、ボタンをかけ違えてしまったことが原因で、このような結果を招いてしまったのです。

保護者が出す小さなシグナルはとても大切です。小さなシグナルに保育者の方々が敏感になることで、こうしたボタンのかけ違いは減らすことができます。さて、皆さんなら、このお母さんの最初の相談のとき、なんと言いますか？

のコミュニケーションに失敗し、その後の苦情につながるケースも多くあります。

> **苦情が生まれる原因**
> ① 保護者からのシグナルを保育者、園が見逃している。
> ② 苦情が生まれて当然の言動・行動を保育者がとっている。
> ③ 保護者を傷つけ、不快にするメッセージを、保育者、園が無意識に出し続けている。
> ④ 事故、ケガ、病気などの際のコミュニケーションに失敗。

約4割の保護者は、苦情を心にしまっている

「園や保育者に不満があるのなら、心の中にしまいこまないでどんどん言ってくれたらいいのに」「たまってから爆発されても困る」「不満や疑問を園に伝える方法はいくらでもあるじゃないか」と思われる方もいらっしゃるでしょう。

実際のところ、苦情はなかなか表に出てこないものです。国民生活センターが保育園に子どもを通わせる保護者を対象に行った調査の中に、「けがや事故、病気時の保育所の対応について不満やトラブルがあった場合に、誰かに言いましたか」という質問があります。ケガや事故、病気ですから、保護者にとっては深刻なできごとです。それにもかかわらず、公立保育園の保護者の48.1％、私立保育園の保護者の39.5％が、「どこにも言わなかった」と回答したのです（『利用者と施設長がみた保育サービスの実態』2007）。これは、驚きの数字だと思いませんか。

また、保育園に苦情を申し出た保護者に「申し出た結果、改善されま

したか?」と尋ねたところ、「改善した」と回答した保護者はたったの43.7％でした（同調査結果）。残念なことに半数以上の苦情は、保護者から見て「改善されなかった」のです。半数弱しか苦情を申し出ず、そのまた半分弱しか「改善された」と感じない。つまり、4分の3は苦情が心の中にくすぶった状態だと考えられます。

「日本人は謙虚で争いを好まない人が多いから、苦情を言わなかったのかも……」と、好意的に考えたくなるかもしれませんが、欧米の調査でも同様に、問題があっても半数以下の顧客、消費者しか声をあげないこと、実際、組織に届く声はごく一部にすぎないことがわかっています（Butelli, 2007）。

なぜ、言いたいことがあっても、保護者（消費者、顧客）はそれを伝えないのでしょうか。国民生活センターが調べた一般的な製品やサービスの苦情の場合、「めんどうだから」（41.0％）、「申し出てもうまい解決策があるとは思えないから」（30.4％）が大きな理由でした（国民生活センター『国民生活動向調査』2011）。

ここでぜひ、本書から1分間目を離して、皆さんご自身について思い出してください。企業や店舗などに「苦情を言いたい」と思ったのに言わなかったとき、どんな気持ちでしたか？ 実際に苦情を言ってみたときはいかがでしたか？ 期待した対応が得られましたか？

Butelli, S. (2007). Consumer Complaint Behavior (CCB): A Literature Review.（個人発表の論文。インターネット上で入手可）

苦情者のパターン

　苦情を申し立ててくる人には、いくつかのパターンがあります。苦情対応の上級者は、それぞれのタイプにどのように対応すればよいか、戦略を立てながら対応を進めていきます。

　こうしたパターンの背景には、その人の性格もあるでしょうし、置かれている環境（仕事歴、家庭環境、家族関係など）の要素もあるでしょう。たとえば、管理職に長年いた人で、退職後、話し相手を求めてくるような苦情申立者は、

〔上からタイプ→教えたがり屋〕＋〔寂しがり屋タイプ→相手探し〕

の複合系になります。また、

| 自分の存在意義を組織に認めさせたい人→「過剰反応」型 |
| 権力に弱い人→「上司出せ」型 |
| 自信がない人や否定されたくない人→「チクチク」型 |

などです。

　苦情対応を専門に行う係がいない保育現場では、このようなパターン分けはあまり意味がないかもしれませんが、なんとなく頭に入れておくと、「ああ、こういうタイプなのかな」と思うこともあるでしょう。
　ただし、苦情対応の柱は、目の前にある問題を解決することです。苦情を言ってきた人のタイプ分けをしたり、分析をしたりすることではありませんので、ご注意を。

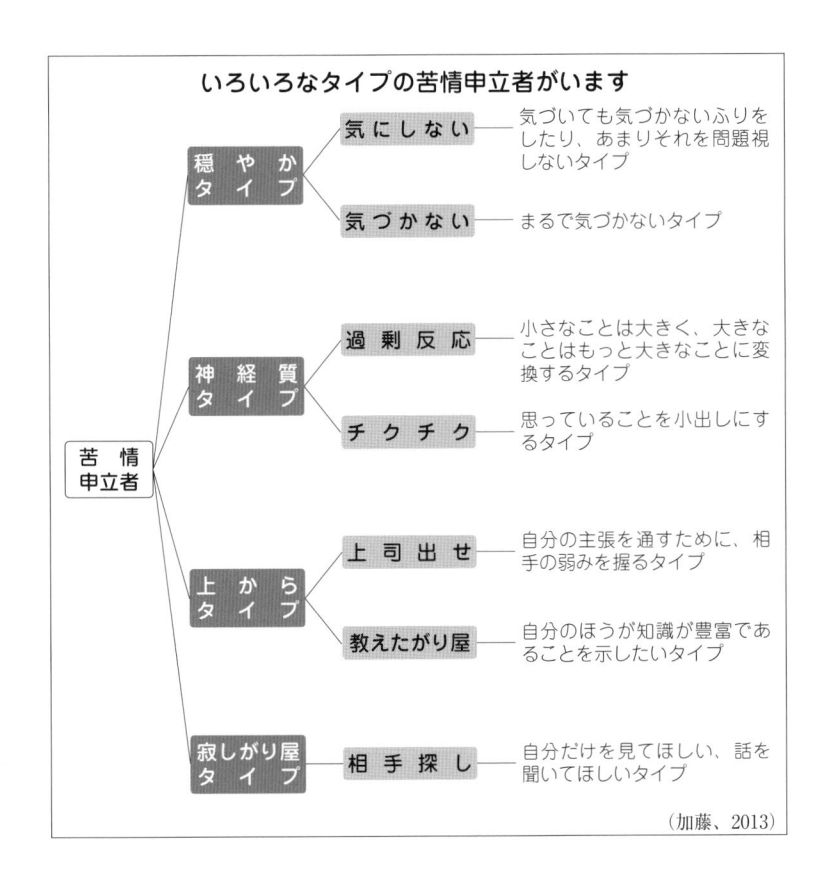

いろいろなタイプの苦情申立者がいます

苦情申立者
- 穏やかタイプ
  - 気にしない —— 気づいても気づかないふりをしたり、あまりそれを問題視しないタイプ
  - 気づかない —— まるで気づかないタイプ
- 神経質タイプ
  - 過剰反応 —— 小さなことは大きく、大きなことはもっと大きなことに変換するタイプ
  - チクチク —— 思っていることを小出しにするタイプ
- 上からタイプ
  - 上司出せ —— 自分の主張を通すために、相手の弱みを握るタイプ
  - 教えたがり屋 —— 自分のほうが知識が豊富であることを示したいタイプ
- 寂しがり屋タイプ
  - 相手探し —— 自分だけを見てほしい、話を聞いてほしいタイプ

（加藤、2013）

保育園や幼稚園は特に苦情を言い出しにくい場所

　「毎日毎日、顔を合わせ、話をする機会もあるのに、どうして心にひっかかったことをすぐ言ってくれないのだろう」「話してくれたら、すぐ対応できたのに」……、そう思う保育者の方も多いと思います。しかし、皆さんにも経験があると思いますが、人に対して苦言を呈するという行為は、そもそも非常にエネルギーが要るものです。さらに、保育園や幼稚園には苦情を言い出しにくいのです。それは次のような理由からです。

(1) 苦情を伝えるには、とてもエネルギーが要る

　どんなケースにも共通することですが、苦情（困っていること、不満や不安に思っていることなど）を誰かに伝えようと思う場合、伝える側にはエネルギーが必要です。「なんて言おう」「どうやって説明しよう」「こちらが悪いと言われたらどうしよう」「言ってもムダかな」……、先述の調査結果に表れているように、早い段階で「もういいや、めんどうだ」と諦めてしまう人がいます。

　保育園の利用者の場合、わが子を毎日預けている施設に対して自分の不満足を伝えるということは、勇気の要ることです。東京都が実施した調査によると、「要望や不満を事業者（保育園）に言いやすいか」という問いで、「はい」と回答した保護者は54％と低い値を示しています（『福祉サービス第三者評価　東京都利用者調査結果』2011）。

(2) 毎日顔を合わせている人には、苦情を言いにくい

　保育園や幼稚園は、子どもたちが先生や友人と共に毎日生活し、学ぶ

場です。一度入園すると、その環境に子どもたちも保護者もなじみます。ですから、転園などはよほどの事情がない限りは考えません。

　さらに、保育園を利用する人には、共働き、ひとり親家庭などの事情があります。子どもを預けなければ働くことができないという意味から、保育園は生活維持のために必要不可欠なサービス（注）と言えるでしょう。そうした事情を考えると、一度入園したら、保護者もできるだけなじもうと努力しますし、うまくやっていこうと考える傾向が強くなります。苦情を言うことで、園との信頼関係が崩れてしまうかもしれないと考える保護者には、「言わないほうがいいかな」「先生に嫌われたら困る」「子どもがいじめられたりしたらイヤだな」といった気持ちが働きます。いわゆる、「子どもを人質にとられたような気持ち」です。

　だから、先述の通り、ケガや事故、病気のような場合ですら、半数以上の保護者が不満やトラブルを誰にも言わない、ということになるわけです。

(3)　「些細な心のひっかかり」は言葉にしづらい

　さらに保育園や幼稚園の場合、不満や不安、疑問の大部分は、ケガや事故、病気のようにわかりやすいものではありません。「○○先生のここ、ちょっと気になるなぁ」「こういうことを先生からいつも言われるの、いやだな」「あの先生、あんなふうに子どもを扱ってる。危ないんじゃないかな」「○○先生、ひいきしてない？」「連絡ノート、読んでくれてないみたい」……、日常の些細な「心のひっかかり」は、わざわざ

注）保育園や幼稚園が提供している保育、教育を「サービス」という言葉で表現することに抵抗を感じる方もいらっしゃると思います。本書では、特定の意味合いをもたない広い意味で「サービス」という言葉を使っています。日本語で「サービス」と言ったときの「相手におもねるような」「顧客中心の」という意味は含んでいません。

「ところで先生、○○のことなんだけど」とは言いにくいものです。皆が忙しくしている送り迎えの時間では、なおさらです。「まあ、いいや。言わないでおこう。たいしたことじゃないし」、そんな気持ちが今日、ここでひとつ、明日、別の所でひとつと、保護者の心の中にたまっていく様子を想像してみてください。

　中には、小さな「心のひっかかり」をすぐに忘れる人もいます。一方で、小さなできごとでも忘れずに、何度も心の中でいろいろと考える人もいます。そのできごとだけでなく、「はっきり言えない私」「いろいろ考えてしまっている私」「いつまでも気にする私」への否定的な気持ちも蓄積していきます。こうした感情が心の中でネガティブなスパイラル（らせん）を描いていきがちであることは、心理学の研究からも明らかになっています。

　そうやって、複雑にからみあった状態で蓄積していく不安、不満、怒りが、ある日、何かのできごとをきっかけに爆発する。園からは間違いなく、「突然の怒り」「突然、現れたクレーマー」に見えるでしょう。でも、そうではないことは明らかです。

シグナルはさまざまな形で現れる

　苦情対応というと、保護者が怒ってどなりこんでくる情景を想像しがちですが、実はすべてがそうとは言い切れません。保護者からのシグナルは、笑いを交えた雑談のときでさえ、発せられています。

　たとえば「○○先生のピアス、かわいいですね！　私もピアス、したいなあと思うんだけど、子育て中はやっぱり危ないかな、と思って（笑）」。コミュニケーション・スキルを十全にもっていない保育者は、

ここで最初のほめ言葉の部分だけに反応して、「ね、かわいいでしょ♪」「嬉しい、ありがとうございます！」と言ってしまったり、返し方がわからずに「そうかもしれませんね」とあいまいに答えてしまったり……（人間は、「聞きたいこと」「見たいこと」の認知を優先しますので、前半のほめ言葉しか「聞こえない」人も存在するのです）。本来なら、「あ、ピアスですね。確かに危ないかもしれません、今度ははずしてきますね。教えてくださって、ありがとうございます」と、隠れた指摘にはっきり応答するべきなのですが、とっさにこうした応答ができる人は多くないでしょう。

　また、「ここの園に預けてよかった！　先生たち、とても厳しくしてくれるから」という言葉が、保護者から笑顔で聞こえてきたとします。もしかしたら、保護者の気持ちはその言葉通りかもしれません。でも、もしかすると、「以前、預けていた園よりも厳格で、子どもがなかなかなじめないのよね……」という気持ちが心の中にあるのかもしれません。ですから、ここで「そうですか。ありがとうございます！」と答えては危険なのです。

　こんなときは、「そうですか。でも、何か気になるところはありませんか？」と聞いてみましょう。この質問をして、それでも「あ、何もないわよ。本当に感謝しているの」という答えが返ってくれば、とりあえず問題はないと思いつつも、「今度、何かあったら、また尋ねてみよう」と心の中に留めておけばいいわけです。もし、保護者が、「そうねえ」「気になるところね……」と考え始めたら、情報をさらに引き出し、受けとめる用意をしましょう。

　苦情は、質問の形で出てくることもあります。たとえば、「園庭に置いてある遊具、雨が降った次の日はどうしているんですか？」と、抑えた調子で保護者が尋ねてきたとします。この質問だけでは、どう答えたらいいか、わかりませんね。「雨が降った次の日の遊具……、ですか？」

と、相手の言葉をきちんと受けとめた後、「何かご心配があるんですね。教えてください」と話をうながす必要があります。質問の意味を勝手に解釈して、「あ、べつに普通に使っていますよ」と答えたのでは、保護者の口を封じることにもなりかねません。保護者は、「雨が降った翌日は遊具が汚れているから、服も汚して帰ってくるのよね……」と思っているのかもしれません。しっかり尋ねない限り、この言葉(潜在的な苦情)は引き出すことができないのです。

この３つの例を読んだだけでも、コミュニケーション・スキルの基礎をおわかりいただけたのではないかと思います。つまり、保護者が何かを話してきたら、内容を言葉に出して受けとめたうえで、内容の裏にあるかもしれないメッセージを明確にするための質問を、柔らかく発信するのです。きつい言い方で、「え、それが何か？」と聞いてはいけません。それだけで相手の気持ちを害してしまいますから。そうではなく、「～が心配なのですね」「何か気にかかっていることがあるのですね(ですか)」といった、相手の感情を先取りした質問を柔らかい言葉で伝えることが重要です。

このような問いかけをしても、保護者は何も答えてこないかもしれません。そうなると、本当に苦情の気持ちがないのか、苦情の言い方がわからないのか、苦情を言いたくないのか、この時点ではわかりません。とはいえ、相手は「あ、尋ねてくれた」「受けとめてくれた」という肯定的な感情を保育者に対してもつはずです。それは、コミュニケーション上のひとつの成果です。ですから、こちらからの質問に保護者が何も答えてこなかったとしても、「そうですか」で終わらせるのではなく、「そうですか。何か気になること、心配になることがあったら、気軽になんでもおっしゃってくださいね」と最後に告げましょう。保護者を対象にしたコミュニケーション・スキルのひとつの柱は、「いつでも言っ

ていいんだ」「この先生は聞いてくれる」という気持ちをもってもらうことだからです。

「サイレント・クレーマー」ほど怖いものはない

　いやみであっても冗談であっても、とにかくシグナルを出してくれるならありがたいことです。施設の側、保育者に感じとるスキルさえあれば、シグナルをしっかりと拾い上げることができるでしょう。一方、不満を感じても、表向きはまったく何も行動しない人もいます。こうした人を「サイレント・クレーマー（もの言わぬクレーマー）」と呼びます。

　サイレント・クレーマーは表だって目に見える行動をとりませんから、実態がわかりにくいという特徴があります。保育園や幼稚園に子どもを通わせる保護者の中に、サイレント・クレーマーがいないわけではありません。多くの企業がお客様相談室を広く公開し、積極的に消費者の声を収集しているのは、「思っていることを企業に直接、はっきりと言ってほしい」と考えているからです（裏を返せば、「他には言わないでね」ということでもあります）。

　インターネットが普及した今の時代、ソーシャル・メディアを活用した他者との交流はあたりまえになってきました。「〇〇保育園の△△先生って、子どもがケガをしてもまったく無関心で、謝りもしないの！」「〇〇保育園でおやつを食べた後、子どもが下痢をした。〇〇保育園って、不衛生なのかも」なんてことを書きこまれたとしましょう。それが事実かどうかは重要ではありません。こうしたことが書きこまれた、という事実が独り歩きしていくのです。一歩間違えると、園の存続を危うくする重大な結果を招くことは言うまでもありません。10年前であれ

ば、「周囲」と言えば家族や友だち、保育園や幼稚園、近所で会う人たちに限られていました。けれども今はそうではありません。FacebookやTwitterなどのソーシャル・メディア、保育園や幼稚園の評判を書きこむウェブサイトなどを通じて、知らない人同士が簡単につながりあう今、ネガティブな評判は瞬時に広がっていきます。

　「そんなことをするなんて！」「誰がしているの！」と怒るのは簡単です。でも、怒っても解決にはつながりませんから、「なぜ？」を考えましょう。ネガティブな（時には間違った、または悪意のある）情報を多くの人に知ってもらいたい、と行動に移す理由はいくつか考えられます。たとえば、「直接、園に苦情を伝えることができない事情がある」、または「伝えたけれど、自分の不満は十分に解消されなかった」などが考えられます。「そんなことをするなんて、ひどいクレーマーだ！」「モンスター・ペアレントだ」と怒るより、なぜ不満が生まれたのか、なぜ園に直接伝えることができなかったのか、なぜ不満が解消されなかったかを考え、対策を立てるほうがずっと重要です。

　数ページ前に挙げた数字、「43.7％」を思い出してみてください。「苦情の申し立てによって改善がされた、と答えた保護者」は、たったの43.7％というのが実態なのです。苦情が放置されたり、十分に対応されなかったりすることで保護者の不満は募ります。その結果、自分の悶々とした気持ちを周囲に話す、ソーシャル・メディアに書き込む、といった行動につながるのです。

苦情を直接言う保護者は、大歓迎！

　このようにして考えると、「園に直接、はっきりと苦情を言ってくる

保護者」は、実のところ、もっとも歓迎すべき相手だということがわかります。園をある程度信頼し、苦情を言うことで保護者自身の不満も解消され、園もよくなるだろうという期待を抱いているからこそ、苦情を伝えてくるわけです。「苦情を言う価値もない」「何も解決されない」「よけい腹が立つだけ」と思う保護者をどれだけ減らせるか、苦情や苦情以前のシグナルを発信してくれる保護者をどれだけ増やせるか、これは何よりも園の努力にかかっていると言えます。

> **苦情を直接伝えられる、ということは……**
> ① 保育園や幼稚園を信頼している（伝えることに意味があると感じられる）。
> ② 伝えることで、自分（保護者側）にメリットがあると感じられる（解決される、気持ちが軽くなる、など）。
> ③ 伝えることは、園のメリットになると感じられる（苦情が活かされると感じられる）。

もし「うちの園には、保護者からの苦情なんて１件もない」という園があったら、それは最大の警鐘です。なぜならそれは、保護者が一斉に口をつぐんでしまっているか、園に苦情やシグナルを受け取る「器」が用意されていないか、または、園の組織自体が「気づき」を得られない形（苦情は来ているのに意識的、無意識に無視する体制）になってしまっているか、ということだからです。いずれにしても、「苦情がない」「シグナルが何もない」場合には、なんらかの問題が組織側にある可能性があります。こうした関係は園と保護者、双方にとって不幸です。そして、何よりも日常の保育に影響を及ぼし、質の高い保育・教育の提供が難しくなってしまいます。

保育者と保護者の間のコミュニケーションを考えるときに、「保護者

の側にまったく非がない」と言うつもりはありません。保護者の側もしっかりとしたコミュニケーション・スキルを身につけて、小さなできごとであっても保育者にこまめに伝え、気持ちをためこまないようにして、より良い関係をつくっていく努力をするべきです。

　ただし、本書の目的はそこではない、という点を理解してください。「保護者にだって問題はある」と言ったところで、現状は何も変わらないのです。それどころか、双方にコミュニケーション・スキルがないのでは、園と保護者の関係はひどくなるばかりでしょう。そうではなく、「じゃあ、私たち（保育者）が積極的にコミュニケーション・スキルを学んで、保護者の皆さんや地域のシグナルをしっかり受けとめ、関係をもっともっと良くしていきましょう」と前向きに取り組むことが重要です。保育者の皆さんがすばらしい保育をすることで、保護者は「ああ、こうすればいいんだ」「見習おう」と思います。それと同じように、「うちの園の先生たちは、ちゃんと聞いてくれるし、言葉づかいも丁寧だな。私も見習わなきゃ」と思う保護者もいるからです。

　そして、しっかりと身についたコミュニケーション・スキルは、保護者との関係だけでなく、園で働く職員の間の関係も良くしていきます。そもそも、園内（職員間）のコミュニケーションが良くなければ、保護者対応もうまくいきませんし、子どもの安全や命にかかわる情報も共有されません。まずは園内のコミュニケーションを変え、保護者や地域とのコミュニケーションも変えていくことが何より大切なのです。

第3章

「保育の中の保護者支援」と「おとな対応としての保護者支援」の違い

『保育所保育指針』には「保護者支援」とあるが

　言うまでもありませんが、『保育所保育指針』の中には、「保護者に対する支援」という項目があります（次ページ参照）。ここには、保育の専門家としての支援だけでなく、「ソーシャル・ワーク機能を果たす」形での支援も含まれています（46ページ参照）。

　保育園は、子どもの姿だけでなく、その保護者の姿も見ることができる場所ですから、ニーズや課題がある保護者および／または、その子どもを他の福祉サービス（母子保健、子育て支援、精神保健、児童相談所など）につなぐ活動をしやすいとも言えます。

　しかし、ここで明らかなことは、「保育者はソーシャル・ワーカーではない」という点です。ソーシャル・ワークの視点を共有することは大切ですが、保育者という仕事から外の領域に踏み出すことは本来の職務を超えることになりますので、組織としては容認できません。「保育者はソーシャル・ワーカーではない」という点を明確に意識することが大切です。「何かあるな」と思ったら、他の組織やサービスの専門家につなぐことが肝要であって、その問題の中身や原因を探ったり、保育者自らが問題を解決しようとしたりすることは誤っています（ソーシャル・ワーカーですら、他人の問題を自分一人で解決することが仕事ではありません）。

『保育所保育指針』（平成20年4月厚生労働省告示）より
第6章　保護者に対する支援
　保育所における保護者への支援は、保育士等の業務であり、その専門性を生かした子育て支援の役割は、特に重要なものである。保育所は、第1章（総則）に示されているように、その特性を生かし、保育所に入所する子どもの保護者に対する支援及び地域の子育て家庭への支援について、職員間の連携を図りながら、次の事項に留意して、積極的に取り組むことが求められる。

1. 保育所における保護者に対する支援の基本
　(1) 子どもの最善の利益を考慮し、子どもの福祉を重視すること。
　(2) 保護者とともに、子どもの成長の喜びを共有すること。
　(3) 保育に関する知識や技術などの保育士の専門性や、子どもの集団が常に存在する環境など、保育所の特性を生かすこと。
　(4) 一人一人の保護者の状況を踏まえ、子どもと保護者の安定した関係に配慮して、保護者の養育力の向上に資するよう、適切に支援すること。
　(5) 子育て等に関する相談や助言に当たっては、保護者の気持ちを受け止め、相互の信頼関係を基本に、保護者一人一人の自己決定を尊重すること。
　(6) 子どもの利益に反しない限りにおいて、保護者や子どものプライバシーの保護、知り得た事柄の秘密保持に留意すること。
　(7) 地域の子育て支援に関する資源を積極的に活用するとともに、子育て支援に関する地域の関係機関、団体等との連携及び協力を図ること。

2. 保育所に入所している子どもの保護者に対する支援
　(1) 保育所に入所している子どもの保護者に対する支援は、子どもの保育との密接な関連の中で、子どもの送迎時の対応、相談や助言、連絡や通信、会合や行事など様々な機会を活用して行うこと。
　(2) 保護者に対し、保育所における子どもの様子や日々の保育の意図などを説明し、保護者との相互理解を図るよう努めること。
　(3) 保育所において、保護者の仕事と子育ての両立等を支援するため、通常の保育に加えて、保育時間の延長、休日、夜間の保育、病児・病後児に対する保育など多様な保育を実施する場合には、保護者の状況に配慮するとともに、子どもの福祉が尊重されるよう努めること。
　(4) 子どもに障害や発達上の課題が見られる場合には、市町村や関係機関と連携及び協力を図りつつ、保護者に対する個別の支援を行うよう努めること。
　(5) 保護者に育児不安等が見られる場合には、保護者の希望に応じて、個別の支援を行うよう努めること。
　(6) 保護者に不適切な養育等が疑われる場合には、市町村や関係機関と連携し、要保護児童対策地域協議会で検討するなど適切な対応を図ること。また、虐待が疑われる場合には、速やかに市町村又は児童相談所に通告し、適切な対応を図ること。

3．地域における子育て支援
　(1) 保育所は、児童福祉法第48条の３の規定に基づき、その行う保育に支障がない限りにおいて、地域の実情や当該保育所の体制等を踏まえ、次に掲げるような地域の保護者等に対する子育て支援を積極的に行うよう努めること。
　　ア　地域の子育ての拠点としての機能
　　　(ア) 子育て家庭への保育所機能の開放（施設及び設備の開放、体験保育等）
　　　(イ) 子育て等に関する相談や援助の実施
　　　(ウ) 子育て家庭の交流の場の提供及び交流の促進
　　　(エ) 地域の子育て支援に関する情報の提供
　　イ　一時保育
　(2) 市町村の支援を得て、地域の関係機関、団体等との積極的な連携及び協力を図るとともに、子育て支援に関わる地域の人材の積極的な活用を図るよう努めること。
　(3) 地域の要保護児童への対応など、地域の子どもをめぐる諸課題に対し、要保護児童対策地域協議会など関係機関等と連携、協力して取り組むよう努めること。

『保育所保育指針解説書』（厚生労働省、平成20年４月）より

「ソーシャルワークとは：
　生活課題を抱える対象者と、対象者が必要とする社会資源との関係を調整しながら、対象者の課題解決や自立的な生活、自己実現、よりよく生きることの達成を支える一連の活動をいいます。対象者が必要とする社会資源がない場合は、必要な資源の開発や対象者のニーズを行政や他の専門機関に伝えるなどの活動も行います。さらに、同じような問題が起きないように、対象者が他の人々と共に主体的に活動することを側面的に支援することもあります。
　保育所においては、保育士等がこれらの活動をすべて行うことは難しいといえますが、これらのソーシャルワークの知識や技術を一部活用することが大切です。」

保護者の心の問題に保育者がかかわることは危険

　もうひとつ、保育者が絶対にかん違いしてはいけないことがあります。それは、「保育者はカウンセラーでもなければ、精神科医でもない」という点です。つまり、保育者は「おとなの心や行動」を扱う専門家では、絶対にないのです。ところが、「保護者支援」という枠組みの中で

現場から聞こえてくる質問は、「精神状態が悪い保護者をどうしたらいいか」「夫婦関係が破たんしている保護者がいるのだが、どうしたらいいか」……、すなわち「この保護者をどうしたらよいか」という悩みなのです。これは、保育者が取り組むべき課題ではありませんし、取り組んではいけないのです。

　日本は従来から、悩みを身内、友だちの中で解決してきました。誰もが「カウンセラー」的な役割を果たしてきたのです。カウンセリング、精神科医療が日本よりもずっと盛んな米国でも、日系人を含むアジア系米国人は、「カウンセラーよりも、家族や友だちに相談する」傾向があることは、さまざまな研究から明らかになっています。カウンセラーや精神科医という「赤の他人」に心の問題を打ち明けることにどこか抵抗がある、それよりは家族や友だちに、というのがアジア文化なのでしょう。

　けれども、この傾向はマイナスの効果も生んでいます。つまり、誰もが容易に「カウンセラー気取り」になってしまう、ということです。家族関係、友人関係が希薄になる一方、心の問題が複雑化する今の社会で、心の問題の素人が「カウンセラー気取り」で人の心に足を踏み入れてよいのか。それも、保育者側の「こうなってほしい」「こうしてあげなきゃ」という一方的で「勝手な」気持ち、思い込みで働きかけてよいのか。私たちは今、その点をしっかりと考える必要があります。

　保育者は、日頃から子どもや保護者からの相談を受ける立場にありますので、「保護者支援」という名のもと、カウンセラーのような業務をすること自体にはあまり違和感がないかもしれません。しかし、心の問題は、取り扱いをひとつ間違えれば、その保護者本人の命、あるいは子どもの命にかかわりかねません。精神状態が不安定な保護者に保育者がかけたそのひと言、あるいは、虐待、ネグレクトが疑われる保護者にか

けたそのひと言、それが深刻な結果につながる可能性もある。そして、深刻な結果につながれば、保育者自身も心に大きな責任と傷を負います。そう考えると、「この保護者を助けてあげよう」「この保護者をなんとかしなくちゃ」という思いだけで行動することがいかに危険かはおわかりいただけるでしょう。

　カウンセリングも精神科医療も、支援を求めてきた人に対するサービスです。「変わろう」「変わりたい」「治りたい」「治したい」と思う人に対して支援をするのが、カウンセラーや精神科医というプロの仕事なのです（もちろん例外はありますが、それはこうした職種がおとなの心を扱うプロだから許されることです）。たとえば、自分が虐待をしている、ネグレクトをしているとすら気づいていない保護者を保育者からの「直接の働きかけ」で変えることは困難ですし、実現できないことのほうが大半です。そうではなく、保育者の第一の責務である「子どもの最善の利益を考慮し、子どもの福祉を重視する」という視点から、関係する部署や児童相談所に、（何度でも何度でも）つないでいくことが保育者の仕事となります。

保育者にしかできない保護者支援を

　課題がある保護者に対する「カウンセリング的な行動」は回避するよう前項で書きましたが、では保育者はどのような「保護者支援」をしたらよいのでしょうか。

　保育者は文字通り、「保育のプロ」です。あらためて「保育」という言葉の大きな意味に目を向けると、「乳幼児を保護し、育てること」「乳幼児の心身の正常な発達のために、幼稚園・保育所などで行われる養護

を含んだ教育作用」（大辞泉）とあります。当然ながら、ここには「保護者支援」に関するヒントはまったくありません。しかし、『保育所保育指針』の中には、「（前略）保護者に対する支援は、子どもの保育との密接な関係の中で……」とあります。つまり、保育者による保護者支援とは、保護者に対して「保育を見せる」「保育を伝える」「子育てに関する保護者の悩みに応える」ことであり、これは保育者としてのプロの領域、保育者ならではの仕事だということになるでしょう。

たとえば、「子どもが最近、毎晩のように夜泣きをして……。私も眠れなくて……」という相談が保護者からあったとします。この相談に応えることは、子どもが「泣く」ことの意味や生活リズムをよく理解している保育者にとっては、「プロとしての保護者支援」の領域に入ります。

一方、「私、最近、眠れないんです。悩みごとがあって……」と言われたときに、「〇〇さん、悩みごとがあるのですね。眠れない……、大変ですね」と共感をもって応えたとします。その保護者が「実は……」と話し始め、もしそれが子育てそのものに関するものなら、保育の視点からのアドバイスもできるでしょう。

しかし、もし悩みの内容が夫婦関係に関するものだったり、親族との不仲についてだったりしたら……。それは、もう深入りをすべき話題ではありません。第１章の「傾聴」の項で述べたような形でしっかりと共感を示しつつも、どこかの時点で、「あ、ごめんなさい。ちょっと電話をしなければいけない先があるので」「あ、園長に呼ばれていたのを忘れていました。ごめんなさい」と柔らかく言い、ひとまず、その場を離れましょう。そして、次にその話が出てきたときの対策を皆でしっかり考えます。

悩むのは、次のような事例でしょう。「鬱の薬を飲んでいるせいかなと思うんですが、朝、起きるのがすごくつらくて……。それで、子ども

の生活リズムもだんだんずれてきてしまっていて……」。

　保育者から見れば、相談されているのは子どもの生活リズムの問題ですから、アドバイスしたいところです。しかし、原因は（保護者によれば）保護者が薬を飲んでいる点にある。かといって、「どんな薬ですか？」「朝、どんな感じがするのですか？」と尋ねることは、保育者の仕事の範疇から明らかにはずれる。このような場合は、「そうですか……。お母さん（お父さん）も大変ですね。その薬を出してくださっているお医

送迎時の会話の切り方、つなぎ方

Column

　　保護者からの相談やシグナル、苦情が出てくるのは送迎時、特にお迎えの時間です。この時間帯は合同保育への移行、補食（夕食）などもあり、保育園全体がざわつきます。見守りも手薄になりがち。ですから、保護者との話に時間を割くことは避けたいところです。

　　ですから、「用事を思い出して、その場を辞す」程度のテクニックは身につけましょう。どうしてもできない人は、「○○さんが私と話し込み始めたら、適当なときに声をかけてください」と他の職員にお願いしましょう。逆に、長い時間、保護者と話をしていることに自分では気づかない保育者がいたら、「○○先生、ちょっと用があるんだけど」「園長（××先生）が呼んでいるよ」と声をかけましょう。

　　そして、保護者との話を終えるときには、①シグナルや漠然とした苦情だと感じたとき：「ちゃんとお話をうかがいたいのですが、どこかでお時間はありますか」と、面談の時間を設定する、②保護者自身の話題のとき：「ごめんなさい。次のときにまたお聞かせくださいね」と終わらせ、対策を皆で考える、といった対応で次につなぎましょう。突然に話を終わらせて立ち去ったのでは、保護者の心情を害しかねません。

者さんに相談してみてはどうですか？　最近は、お薬にもいろいろあるようですし。私はよくわからないのですけど……」と、共感しつつも一線を引き、専門家（精神科医）につなぐことが不可欠です。

「私は組織の一員」「保育のプロ」という意識をはっきりもつ

　保育の仕事は子どもの生活全般にかかわり、子どもの命や健康、安全など、守るべき重要な任務も多岐にわたります。子どもがもっている課題が保護者の問題と直結しているケースもありますので、「これは子どものこと」「これは保護者のこと」とはっきりと切り分けるのは難しいかもしれません。しかしすでに書いた通り、保育者は「おとなの心の専門家」ではないのです。ひとたび「これは保護者の心に関係することだ」と理解したなら、保護者自身の行動の問題であれ、虐待であれネグレクトであれ、どれも「園ではこれ以上、扱えません」と訴え、何度でも何度でも「専門家につないで」「専門家におまかせする」ことが鍵です。

　専門の組織、専門家につなぐことは、どこの園でもしていることでしょう。問題になるのは、「おまかせする」ということが人間にはなかなかできないという部分です。「まかせた！」と思っても、その保護者は同じような姿で毎日、園に現れる。するとまた、「かかわりたい」「なんとかしたい」という気持ちになる。人間として当然の感情と理解したうえで、その気持ちに個々の保育者が、あるいは園全体がいかに適切に対処していくかが鍵になります。

　そのとき、「私は保育園（幼稚園）というプロ集団の一員なんだ」という気持ちを一人ひとりがもち、「私たちは保育のプロ集団なんだ」という気持ちを保育園や幼稚園がもつことは、「この保護者をなんとかした

い」という個々の感情を扱ううえで効果的です。たとえば、一人の保育者が特定の保護者の心の問題にかかわったものの、最終的にそれが裏目に出て、その保護者と子どもが亡くなってしまうということも起こりえます。こうなったら、その保育者自身も大変な心の傷を負うことになります。園にも影響が及びます。これは「保育のプロ集団の一員」としての役割を忘れ、本来の役割から踏み出してしまうという過ちをおかした結果だ、と受けとめるべきでしょう。

　もちろん、ここで責を負うべきは、その保育者一人ではありません。園の管理者も周囲の保育者も、そのような最悪の結果が起こりうるということを予測して、自分の本来の役割（＝保育者）を忘れて行動しているその保育者を引き戻し、組織の役割、職員の役割に戻すべきだったのです。

　健康でも安全でもコミュニケーションでも同じですが、人間はなかなか「最悪の結果」を予測することができません（次ページのコラム参照）。しかし、保護者の心や行動に少しでもかかわりのあることで（＝保育の枠組みの外にはみ出しかねないことで）コミュニケーションをしているときは、「今、私がこれを言うことには、どんなリスクがあるか」「このひと言が引き金になる最悪の結果はなんだろう」と常に冷静に考えながら、言葉を口に出す必要があります。そして、「これを言ったら、この人はもっと落ち込んでしまうかも」「今のトラブルを悪化させるかも」と思ったら、「言わない」という行動をとることです。

　「このひと言から起こりうる最悪の結果は？」と考えてもわからない、どう言い換えたらよいのかもわからない。そういうときはひとまず、その言葉は口に出さないでおきましょう。第1章で説明したように、こちらの考えはいっさい述べず、共感をもって相手の言葉を伝え返すだけで、コミュニケーションは十分に成り立つのですし、実際、保育という

専門の枠組みからはずれそうな内容については、共感しながら聞くことで十分なのです。

人間は「最悪」を考えられない生き物
Column

　子どもの事故であれ、コミュニケーションのミスであれ、「最悪の事態」は、保育園や幼稚園などでひんぱんに起きています。そうした事例を見てみると、同じような最悪の事態が起こるリスクは他の施設にもあることがわかります。ところが、他施設の保育者は「自分の所では起こらない」と思いがちで、リスクの精査をしたり対策を立てたりはしません。

　これは、「最悪を考えたくない生き物」である人間の特質であり、核にあるのは「私(たち)は大丈夫」と考える楽観バイアス（認知バイアス＝ものの見方の歪み）です。これは、保護者も保育者も同じ。「うちの子が(大きな)ケガをするわけがない。大丈夫」「〇〇園で、そんなことがあったの？　でも、私たちは〜だから大丈夫」と、根拠もなく言ってしまうのが人間。

　そして、このバイアスをつかさどる部分が大脳にあることもわかってきました。人類が発展してきた背景には、自分自身（自分が属する集団）のリスクを過小評価し、「大丈夫」と信じ、新しい場所、見たこともない食べ物、新しい試みに挑戦してきた長い歴史があるのですから、「自分(たち)は大丈夫」と思い込むシステムがすでに脳に埋め込まれていても不思議はありませんね。

　一方で、この「リスクの過小評価」「リスクの無視」は、目の前にあるリスクを見逃す危険にもつながります。ですから、コミュニケーションであれ、子どもの命に関することであれ、ヒヤリハットや実際に深刻な結果になった事例を「自施設でも起こりうること」と考え、先んじて対策をとることが不可欠です。

第4章

園と保育者が
してはいけないこと、すべきこと

保護者対応、苦情対応の中でしてはいけないこと

(1) できない約束をしない

　そもそも、苦情はなぜ生まれるのでしょうか。

　保護者はそれぞれ、保育園や幼稚園のサービスに対して「期待」を抱いています。一方、園にもそれぞれ、「提供できるサービスの枠」があります。提供するサービスのレベルが保護者の期待を下回ったときに「不満足」として表に出るのが、苦情のひとつのパターンです。かといって、保護者の期待には個人差があり、「保護者は皆、こういう期待をもっている」とひとくくりに言うこともできません。そのような状況の中で、保護者の主観的な感覚とのギャップを最小限にするために、園はまず「できること、できないことを明確に示し」「できない約束はしない」ことが重要です。

　安易に引き受けたことが、後で大きな苦情に発展するケースは非常に多くあります。たとえば、「お子さまからは絶対目を離しません。ケガをさせません」といった約束は、決してできません。もしこんな約束をして実際にケガが起きてしまったら、保護者からは「先生はこの前、『絶対』って言ってましたよね。どうして、ケガしないように見ていてくれなかったんですか」ということになってしまいます。ところが、「もう、ケガはさせません」と言ってしまうケースは、少なからずあるのです。

　保育者の気持ちとして、「絶対」「必ず」と言いたいところはよくわかります。「必ず」「絶対」と言うこと自体が悪いのではありません。そうではなくて、守れない（とわかっている）約束をしてしまい、約束が破られることで、保護者に不信感が生じるところにリスクがあるのです。

ですから、このような場合であれば、保護者と約束できるのは、「お子さまから目を離さないように努め、ケガが起こりそうなときには、防止できるように努めます」ということです。「集団保育という現状からすると『100％大丈夫』とは言えませんが、努力します」「〜という対策を実施しています」と、伝えてください。保護者の側から見ても、具体策を伴わない「必ず」や「絶対」を何度も聞かされるよりは、具体的な対策を知らされたほうが信頼感は増すでしょう。

　一方、保護者から「こんなことが、またあったらどうしてくれるんですか。二度と起こさないと一筆書いてください」と言われたら、どうしますか？　一筆（捺印）を書いてしまい、問題を大きくしたケースは複数あります。できるはずのない約束を文書に残すと、後々、問題になりかねません。ですから、文書を求められても、口頭で「〜のような対策をとりました。最善の努力をしますが、同じようなことが起きる確率はゼロとは言えません」と事実を言い続けましょう。園長、保育者としてはとてもつらいと思いますが、文書を渡すことで起こりうる最悪の結果（文書が訴訟などの証拠として使われる）を考えれば、ずっと安全です。

(2) 園の外で起きていることにかかわらない

　今の時代、保護者が Facebook や Twitter、ブログなどで園のことを書く場合もあります。「うちの子が〜された」「○○ちゃんが〜した」「うちの園長は〜について何も対策をしてくれない」といった内容を目にすると、ついつい「違う」「何を言ってるの」といった気持ちになるものです。

　しかし、そこはぐっと抑えましょう。保育者の職場は、保育現場です。園の外で起きている噂に惑わされることがあってはいけません。園でその保護者に会っても、何も言ってはいけません。企業でも、イン

ターネット上に（事実であろうとなかろうと）いろいろな噂話を書かれることがあります。しかし、企業はその一つひとつに反応し、弁明をすることはしません。

ただし、ネット上に記録や文書、写真などを掲載されてしまう場合があります。そのような場合はすぐ、弁護士に相談しましょう。誹謗中傷が掲載され始めた段階から、万が一のことを考えて弁護士に相談しておくことも一策です。

(3) 過度な要求に応えない。保育の範囲を越えない

苦情には、「正当な要求」と「不当（過度）な要求」の２種類があります。もちろん、できるだけ保護者の要望に応える、という姿勢は大切です。しかし、園では「できないこと」「受け入れられないこと」もありますから、それはきちんと断るべきなのです。たとえば、以下の事例について、どのように考えますか？

①	子どもが園でケガをしました。土下座して謝ってください。
②	子どもが園に行きたがりません。保育の質が低いからではないでしょうか。今月の保育料は支払いません。
③	子どもが○○先生を嫌っています。担任の変更をお願いします。
④	クリスマス発表会の主役は、うちの子にやらせてください。他の子が主役の劇なんて見たくないの。

上記の①〜④は、実際にある苦情事例です。土下座というのは、昔、貴人の通行に際してひざまずいて額を低く地面にすりつけて行った礼のことです。つまり圧倒的な階級の差、上下関係を見せつける（見せつけられる）行為ですので、個人（保育者）の尊厳を傷つけることになります。このことをきっかけに心の病になってしまった、という例もあります。

謝罪は、心から詫びる言葉と態度（深く頭を下げるなど）で示します。土下座をする必要は、まったくありません。

また、「子どもが園に行きたがらない」「○○先生を嫌っている」など、さまざまなことを理由にして保育料を支払わなかったり、自分の子どものためだけに担任変更を要求したりといった行為は、明らかに常軌を逸しています。こんなときは、「○○ちゃんが園に来たがらない理由に何か、お母さま（お父さま）が思いあたることはありませんか？　園でも改善ができるところは、改善させていただきます。○○ちゃんが楽しく登園できるようになるまで、お母さま（お父さま）も私たちと二人三脚で一緒にご協力いただけたらとても助かります。支払いについては、欠席分をご返金するということはしていませんので、ご理解ください」といった回答方法があります。解決のために園は努力していることを説明し、子どもの登園拒否や担任への不満については、あくまでも支払いとは別の話として切り分ける必要があります。

園が保護者とのコミュニケーションの中ですべきこと

(1) リスクについて、しっかりと伝える

「リスク・コミュニケーション」という言葉をご存じでしょうか。これは、組織の活動が有するリスクをその組織と関連のある人たち、関連のある組織などに伝えることを指します。工場を新設するのであれば、その地域の住民に「工場で何を生産するのか」「生産に伴う排出物は何か」「騒音、煙などは出るのか」などを伝えますね。「新しい工場ができると、雇用が増えますよ」と良い面だけを強調しても、今の時代、住民

は納得しません。利益と同時にリスクも伝えること、それも住民の懸念や不安をくみ取りながら、住民にわかる言葉でリスクを伝えることが不可欠です。

　保育も同じです。子どもが集団で育つのですから、危険はたくさんあります。ところが、保育園はこれまで利益ばかりを伝え、リスクは積極的に伝えてこなかったようです。「1歳を過ぎると、発達の過程として噛みつきやひっかきをする子どもが増えてきます」「乳児は頭が重いので、どうしても頭から転びがちです」……。保育者の皆さんからすれば、「そんなこと、あたりまえでしょ。なんで、わざわざ保護者に伝えなければいけないの？　保護者が心配するだけでしょう？　何かあったら説明すればいいんじゃない？」と思うようなことかもしれません。

　けれども、実際はまったく逆です。保育者にとっては当然でも、保護者は知らない、わかっていないことがたくさんあります。特に保護者は、「自分の子どもには、悪いことは起きない」と思い込む傾向（楽観バイアス。53ページのコラム参照）をもっています。保育者にとっては「起きてあたりまえ」のことでも、一人ひとりの保護者にとっては、「うちの子どもに起こるわけがない」と思うことであり、起きたときには「なぜ、うちの子が？」「なぜ、この園で？」と驚くのです。

　保護者側が予測していたか、あるいは事前に情報として知らされていたか、いなかったかによって、実際に起きたときの驚き、怒り、恐怖などの感情には違いがあります。ですから、保育の活動に伴うリスク、子どもの成長・発達に伴うリスクについても、保護者に予め伝えておくことで、万が一起きてしまったときに、「これまでもご説明してきた通り、この時期の子どもの特性として、かみつきやひっかきが起こりやすいのです。もちろん、園ではそれを避ける努力はしているのですが、100％なくす、ということは難しいのです」と説明できます。同じことを、噛

みつきやひっかきが続いた後に初めて保護者に伝えたとしたら、どうでしょう？「言い訳だ」としか思われませんよね。

　リスクについて正直に、正確に伝えることは、保護者の信頼を得るうえでも役立ちます。「私たちの園の環境にはこんな危なさがありますが、そこで子どもたちが大きなケガをしないように、〜の対策をしています」と知らせておくことで、「ああ、ちゃんと対策をしている。知らせてくれている」という信頼感が生まれるのです。「×歳ぐらいになると、成長に伴ってこういう危なさが出てくるので、園ではこのような工夫をしています」と伝えれば、「確かに家でもあるなあ、そういうこと」と思う保護者もいるでしょう。園での工夫にあわせて、「ご家庭でも、〜のような工夫をなさってはいかがでしょうか？」と伝えれば、「園から、役立つ情報をもらった」という気持ちにもなります。

　普段から信頼されていない組織は、何かあったときの対応でも利用者から信頼されない。反対に、信頼をされている組織であれば、事故などが起きたときにも「ちゃんと情報を出してくれるだろう」「対応してくれるだろう」と利用者が信頼感を感じる。これは、心理学の実験からもわかっています。信頼の効果は工場の新設であれ、保育であれ、変わりません。保育園・幼稚園におけるリスク・コミュニケーションは、保護者からの信頼をつくり上げると同時に、万が一のときのための「安心」の基盤をつくるための必須の活動なのです（「安心」については72ページのコラム参照）。

(2) **具体的な保育の取り組みを通じて、保護者とコミュニケーションをとる**

　前項で、「保育園は、保育の利益は伝えてきたが、リスクを伝えてこなかった」と書きました。ただ、保育の利益を具体的に伝えてきたかというと……、多少の疑問があります。

61

リスク・コミュニケーションの原則

　組織の活動に内在するリスクと、それだけのリスクをとることの利益について、何も起こっていない時点から日常的に伝えていくことが「リスク・コミュニケーション」です。何かが起きてしまったときにするコミュニケーションは、リスク・コミュニケーションではなく、クライシス・コミュニケーションと呼ばれます。保育の場合であれば、集団で子どもが育つことの価値、利益と、それゆえのリスクを、日常的にさまざまな手段を通じて伝えていくことがリスク・コミュニケーションになります。

　世界的に使われているリスク・コミュニケーションの原則は、次の7つです。それぞれについて簡単に説明し、保育園や幼稚園における取り組みについても加えておきます。

❶ 市民・消費者（公衆）を真のパートナーとして受け入れ、巻き込む

　保護者を「保育のパートナー」として巻き込んでいくことです。「そんなこと、あたりまえ！」と思われるかもしれませんが、実際には「子育てが他人ごと」「園に頼ればよいこと」になっている保護者もいます。保育者の力を駆使して情報を発信し、保護者を巻き込んでいかなければ、保育に伴うリスクについて伝えることはできません。

❷ 聴衆に耳を傾ける

　保護者や地域から園に送られてくる声にならないシグナル、聞こえてくるメッセージをしっかり受けとめる、そのためのシステムもつくる必要があります。「ご意見箱があります」で済ますのではなく、送られてくるシグナルには適時適切に応えながら、「何かありましたら、（また）いつでもおっしゃってくださいね」と伝えていきましょう。

❸ 正直に、率直に、そして隠しだてをしない

　嘘や隠しごとは、不信を生みます。一度、生まれてしまった不信の払

拭がとても難しいことは、すでに実験などから明らかになっています。リスクについては、言葉も態度も率直な形で伝えてください。

❹ わかりやすい言葉で、思いやりをもって話す

保育にも「用語」がたくさんあり、必ずしも保護者にわかるとは限りません。また、保育者特有のあいまいな、「わかったような気持ちになる」言葉もあります（安全にかかわる例：「立ち位置を決める」「声がけをしっかり」「きちんと見守る」）。保育者は伝えているつもりでも、保護者には具体的なイメージがつかめず、「している、すると言っているけど、できていないじゃない」といった不安や不信につながることがあります。「思いやりをもって話す」の部分は、第１章で説明した「共感」です。

❺ 準備を周到に行い、効果を評価する

リスク・コミュニケーションは、行きあたりばったりでできるものではありません。発信する情報、メッセージの効果と課題をきちんと検討しながら、より良い伝え方をつくり、その効果についても評価していく必要があります。大きな企業などでは、このためのプロを置いています。そもそもコミュニケーションのプロではない保育者がこれに携わらざるをえないという現状自体、保育界にとって非常に危険なのです。

❻ 信頼できる他の組織と協働する

他の保育園や幼稚園、行政組織などと連携しながら情報を提供していくことになります。

❼ マスコミのニーズに応える

今の日本で、もっとも影響力をもっているのはマスコミです。組織としてのリスク・マネジメントの観点から、保育者、保育園や幼稚園もマスコミに対し、積極的なかかわりをしていくことが必要です。

筆者（掛札）は園だよりやクラスだよりの添削も手掛けていますが、おたよりの内容を検討していると、具体性を欠いた抽象的な言葉が多いことに気づきます。そして、複数の園のおたよりを見ていると、驚くほどに同じような、抽象的であいまいな表現が見られるのです。季節によっては、まったく同じ文言がお互いに無関係な園のおたよりに掲載されていることもあります。

　ひとつには、保育者向けに発行されている雑誌の例文やテンプレートがそのまま使われている現状があります。そうした文章を使うのが悪いのではありません。そうした文章には、ごくごく一般的なことしか書いていないのですから、それをただコピーしただけでは、今、自分の園で起きている具体的な内容はいっさい伝わらないという点が問題なのです。「たとえ文章や表現が下手でも、今、目の前にいる子どもたちの間で起きていることを具体的に書く」ことが一番大切です。

　さらに、抽象的な表現の中には、保育の世界独特の言葉が多く用いられているという問題もあります。たとえば、「一人ひとりとのかかわりを大切にした保育をしています」「しっかりと子どもの育ちに寄り添います」「じっくりと遊び込めるように、遊びを促していきます」といった言葉は、おたよりの中にたくさん見られます。どれもなんとなくわかったような気にはなる言葉ですが、少し考えれば、何を言っているのか、（少なくとも保育業界の外にいる人間には）さっぱりわからない言葉なのです。ところが、このような言葉が園だよりの中にもクラスだよりの中にもあふれています。

　これでは、保護者は読みません。簡単に言えば、「つまらないから」です。いまどき、ブログなどで情報発信をしている人は保護者の中にもたくさんいます。自分からは情報発信していなくても、保護者は「わかりやすく、伝わる文章」に日常的に接しています。その中で、保育園や

幼稚園が「保護者に伝わらない文章」を書いていたのでは、それだけでも園に対する不信感につながりかねません。

　美しい文章を書く必要は、まったくないのです。読みやすさのポイントさえ学べば、誰にでも「伝わる文章」は書くことができます。そして、一人ひとりの保育者が子どもたちの姿を日々しっかりとらえていれば、書く題材には困らないはずです。「伝わりやすさ」だけはおさえたうえで、子どもたちの具体的な姿を書く。これは、園だよりやクラスだよりだけでなく、日々の連絡帳でも必須のスキルでしょう。

(3) 保護者からの声を共有する

　第2章で、「苦情はさまざまな形で現れる」と書きました。コミュニケーション・スキルの高い人や保護者対応の経験を積んできた人であれば、保護者からの言葉を受けとめて、「ああ、これは実は苦情だな」「これはちゃんと対応しないと、苦情につながるぞ」といった解釈、判断をすることができます。けれども、こうした判断ができないスキル・レベルの保育者もたくさんいるのが現状です。

　ですから、保護者からの声は、連絡帳の書き込みから立ち話の内容まで、できる限り共有しましょう。特に、こうした解釈のスキルが身についていない保育者については、周囲が積極的に声をかけ、保護者からその保育者に向けてどんな声が届いているのか、常に見守る必要があります。そして、保護者コミュニケーション上のヒヤリハットがあったり、「これは危険だな」と感じられる保護者からのメッセージがあったりした場合には、園全体で共有しましょう。これは、保護者からのメッセージを的確に判断するスキルの訓練となります。

(4) 保護者からの声の受け取り手を明確にする

　保育者は、一人ひとりが保護者コミュニケーションの担い手です。とはいえ、何か問題が起きて保護者から声があがってきた際には、コミュニケーションの主体となる保育者（リーダー以上）を明確にしておいたほうが賢明です。

　今の保育園はシフト制を中心として、複数の保育者が時間を分けて子どもたちをみています。つまり、日によって、時間によって、保護者が顔をあわせる保育者も異なり、結果的には「複数の保育者にいろいろなことを言う」ということにもなりかねないからです。話す相手が複数いれば、同じ苦情であっても保護者の言い方が相手（保育者）によって変わってしまい、結果として園内でも受け取り方が変わってしまうことになります。

　また、誰もがある程度は身につけることのできる基本的なコミュニケーション・スキルとは違い、苦情対応スキルはかなりの訓練が必要です。得意不得意もあります。「誰にでも、すぐにできること」ではないのです。

　ですから、園内の苦情対応の担当者（複数）は決めておき、できる限り、決まった担当者が保護者対応をするようにしてください。お迎え時であれば、「私たちは今、保育で手が離せませんので」と言って担当者に引き継ぐ。担当者も手を離せない場合には、担当者が面談の日時を決めます。保護者が非常に怒っている場合は、担当者が内容をきちんと聞き、「今、話をできない理由」を伝えましょう。

　ただし、たとえばこのとき、保護者の怒りの内容が保育者の見守り（の不足、欠如）に関するものだった場合には、「今、お話をしていると、保育がおろそかになってしまいますので」と言うと、「何を言っている。

もともと、おろそかじゃないか」と怒りを増幅しかねません。こうした細かい部分も苦情対応の一部だと考えて、その場に合った適切なコミュニケーション内容にしてください。

(5) コミュニケーション行動と自分の感情を明確に分ける

　第3章で書きましたが、保育者が本来の仕事ではない部分（おとな対応としての保護者支援）に深入りすると、保育者の心に大きな傷を残す可能性があります。子どもをみている立場としては、「この保護者ときちんとかかわりたい」と思って当然ですけれども、「保育」を越えた部分でかかわってしまうと、保育者にとっても保護者にとってもマイナスの結果になりかねません。この点は、日常の保護者コミュニケーションでも、苦情対応でも同じです。

　保育者がコミュニケーションの側面で疲弊する大きな理由は、「過度の感情労働」をしてしまうところにあります。つまり、「仕事」「専門」の枠を越えて、「個人として」「人間として」、「なんとかしよう」「申し訳ない」「つらい」と感じると、感情の負荷がかかり、エネルギーを使ってしまうのです。もちろん、保育は福祉の仕事ですし、子どものいきいきとした姿から保育者はいつもポジティブなエネルギーをもらっています。ですから、保護者に対しても感情的なサポートをしよう、感情的なかかわりをしたいと思うのは自然なことかもしれません。でも、過度なかかわり、過度な感情労働は、最終的に保育者のストレスにつながります。

　保護者コミュニケーションの中で感情を使いすぎるべきではない理由は、もうひとつあります。そして、こちらのほうが、より重要です。「この保護者を変えなければ」「保護者はこうあるべき」「こうなってほしい」「なんとかわかってほしい」……、これらはすべて保育者側の価

値観であって、保護者が受けとめるとは限りません。保護者が受けとめたくないメッセージを保育者が出し続ければ、保護者は態度を硬化させます。コミュニケーションはいっそう難しくなります。新たな苦情につながる可能性もあります。

　つまり、保育者の側がコミュニケーションの中に自分自身の感情や価値観、願望を入れると、コミュニケーションが大失敗をする可能性があるのです。そして、感情のこじれは、おそらく当初の苦情よりもずっと深刻で、長引くものになってしまうでしょう。

　ですから、保護者コミュニケーション、特に苦情対応の基本は、「保育者自身の感情を脇にひとまずおく」ことです。「私」が個人としてどう感じているかとは別に、「今、この苦情を的確に処理して、保護者から示された問題を解決するにはどうしたらいいか」という視点から戦略を立て、その戦略に沿って行動をする習慣をつけましょう。このスキルも一朝一夕では身につきませんが、まずは「自分の感情と、実際の対応を分けることが不可欠だ」という点を理解してください。

第5章

保護者との
コミュニケーション、苦情対応の実例

苦情対応に必要な「3S」の態度

　では、ここから実際の苦情事例やコミュニケーション事例をもとに考えてみたいと思います。今までも、苦情対応の基本的な態度については述べてきましたが、ここでもう一度、繰り返させてください。

　苦情対応をするにあたり、気をつけなくてはいけないのは、相手を説得しようと試みたり、早く理解をしてもらおうと働きかけたりしてはいけない、という点です。以下の3つを心がけるようにしてみましょう。

> **silence（静）**
> 　静かに話を聴く態度、静かな心で話を聴く態度
> **softness（優）**
> 　優しい気持ちで話を聴く態度、柔軟な心で話を聴く態度
> **sensitivity（感）**
> 　感じとったままに受けとる態度、敏感な心で話を聴く態度

　では、事例を考えていきましょう。

繰り返す噛みつき事例

　保護者とのコミュニケーションでもっとも苦慮するもののひとつが、繰り返す噛みつきやひっかきです。「また、うちの子が？」「誰に噛まれたんですか？」「また、○○ちゃんに？」「○○ちゃんの親は知っているんですか？」「○○ちゃんの親に謝罪してほしい」「顔に傷が残ったらどうするつもり？」など、さまざまな形でコミュニケーションの課題が発

生します。そこで、ここではコミュニケーションと苦情対応の2つの視点から、「繰り返す噛みつき」の事例を検討していきます。

> **事例**
>
> 　保育士はAちゃんがBちゃんを噛もうとしているのを何度か見ており、注意はしていた。しかし、1週間前、一瞬目を離したすきに、AちゃんがBちゃんを噛んでしまい、Bちゃんの頬に少し赤みが残った。Bちゃんの保護者には夕方のお迎え時に説明し（誰が噛んだかは伝えなかった）、目に見えるケガもなかったことから「大丈夫ですよ」との返事をもらった。保育士も「こういうことがないように、きちんと見ていきます」と話した。
> 　しかし、今日ふたたび、AちゃんがBちゃんを噛んでしまった。

1　噛みつきに限らず、ケガがあった場合はすぐに連絡を

　この事例の場合、顔に赤みが残っただけで傷らしい傷もついていなかったことから、夕方のお迎え時まで保護者に伝えませんでした。けれども、顔に傷がついたとき、頭部を打ったとき、その他のケガ（もちろん病気も含む）で受診が必要なとき、あるいは傷はついていなくても、子どものことを非常に気にする保護者だとわかっているなら、どんなケガであれ、すぐに連絡をとることが基本です。連絡がとれないなら、留守番電話に伝言を残しましょう。

　このとき、ケガの深刻さは問題ではありません。保護者の心に、「なぜ、すぐに連絡をくれなかったの？」「連絡をくれていたら〜だったのに」という不信感情を生まないことが大切なのです。一度、このような感情が生まれてしまうと、そう簡単には消せません。連絡をしなかった理由や連絡をする必要がない理由を、園側がいくら並べたところで、保

護者は「言い訳」としかとらないでしょう。たとえ、その場では保護者が納得して帰ったとしても、「言い負かされた」というマイナスの感情がさらに上乗せされてしまうかもしれません。「感情」に対していくら「理屈」で対応しても、感情が真におさまることはないからです（下のコラム参照）。

　ですから、日ごろからわかっている保護者の特徴、そしてできごとの内容をもとに、多少「やりすぎかな」と思う程度に、保護者への連絡を

「感情」対「理屈」は、闘いにならない
Column

　たとえば、食品や環境の安全に関する保護者の不安や心配に対して、「基準値以下だから大丈夫ですよ」「今まで問題は出ていませんから、安心してください」といった説明をすることがあります。これは実のところ、効果がありません。「不安」や「安心」はあくまでも主観的なものであり、理屈や数字を並べたからといって不安や心配を抱えている人を安心させることはできないのです。理屈で押し通そうとすればするほど、不安な人の心の中では「気持ちを受けとめてもらえない」「わかってもらえない」というネガティブな感情が育っていきます。不安や心配は、まずきちんと受けとめ、共感することが不可欠なのです。

　よく、「安全・安心」という言葉が使われますが、両者は実はまったく異なるものです。前者は数字や理屈である程度、表現できるもの。後者は個人の主観。安全はある程度、具体的に確保できても、安心はそう簡単に確立できません。保育のすばらしさとそれに伴うリスク、そして、安全に関するさまざまな具体的な取り組みを日常的に伝え、保護者の不安や心配にも応えていく。そうした継続的な取り組みを通して初めて、保護者の「安心」はつくられていくのです（詳しくは、62ページの「リスク・コミュニケーションの原則」のコラムを参照）。

迅速にとってください。そして、「お母さん（お父さん、または他の保護者）がご心配なさると思ったので、お仕事中とは思いましたが、連絡をしました」と、配慮をきちんと伝えましょう。連絡を受けた保護者が「園にまかせます」「様子をみてください」と言うなら、そのようにすればよいのです。迅速に伝えた行動に対して、不快感をもつ保護者はまずいないはずです。

2　起きたことに対してすぐに謝罪する

　苦情対応の世界では、「謝罪」には２つの意味があります。まず１つ目の謝罪は、「不快にさせてしまったことへの謝罪」「気分を害したことに対するお詫び」です。２つ目は、組織として責任を負うという意味での「謝罪」です。「謝ったら責任を認めたことになるから、簡単に謝ってはいけない」と言う人がよくいますが、それは間違いです。苦情が申し立てられたら、すぐにその場で、「不快にさせてしまったことへの謝罪」はするべきなのです。

　たとえば、子ども同士のケンカによって、子どもがケガをした事例を取り上げてみましょう。この場合の謝罪は、「ケガが起きてしまったことに対する謝罪、保護者が心配・不安に思っていることへの謝罪」です。「申し訳ございません、ご心配をおかけしてしまいました」や、「ケガが起きてしまい、申し訳ございません」（「ケガをさせてしまって」ではありません）などの表現があります。保護者は、子どもを園に預けている間は、子どもに何が起きたのかを知ることができません。ですから、不安や心配が募るのは当然です。「たいしたケガじゃないんだから、そんなに心配しなくたっていいのに」とは、決して思わないでください。

　保護者から「何があったんですか？」と尋ねられて、見てもいない内

容を憶測で話したり、子どものせいにするようなことを言ったりしてしまうケースがありますが、それは絶対に避けましょう。基本的には、「一瞬、目（手）を離した間に」「保育者が少し離れた所で〜をしている間に」といった点は認めたうえで状況説明をし、わからなければ「わからない」と言う。わかっていることがあるならばそれを正確に伝える。そのうえで、「くわしいことは他の保育士にもヒアリング中ですので、できるだけ早くにまとめてご報告をします」と話してください。

③ 「誰が噛んだか」は、伝える必要がない （82ページ脚注）

噛みつき、ひっかきの際に問題になるのは、「誰が噛んだか」「誰がひっかいたか」です。特に、繰り返す場合には、ここがコミュニケーションの焦点になります。保護者がこの質問をしてきた場合、苦情対応上の原則的な答えは、「これは園の責任で起きたことで、噛んだお子さんの側には責任がありません。だから、誰が噛んだかをお伝えすることはできないのです」となります。

原則的には、ケガは園の責任範囲で起こったことです。ケガをさせた側の保護者に責任を負わせることはできません。ケガをした子どもの保護者への説明責任は、園が負うことになります。

保護者の「相手の子どもの名前を知りたい」という気持ちも十分に理解できますが、感情的な議論は別として、原則としては「言わない」ことが最良の選択となるのではないかと筆者（双方）は考えています。もちろん、園によって対応方針は異なりますので、「ケガをさせた子どもの名前をきちんと伝える方針」を貫く園もあるかもしれません。しかし、その場合であっても、ケガをさせた子どもの保護者から「名前を相手に言ってもいい」という明確な同意が得られない限り、トラブルの原因に

なる可能性があります。

　実際、どの子どもも加害の側に立つ可能性があるわけですから、園に守秘義務（加害側の名前を言わない、言いふらさない）があることを理解していれば、保護者も安心でしょう。ただし、噛みつきやひっかきが起きた後（加害者と被害者が決まった後）にこれを説明しても、なかなか納得は得られません。「園の方針」として、入園の時点で明確に伝えておくべきことです。そうすれば、何かが起きたときにも「園と保護者の間の約束」として「筋を通す」ことができます。

③ の亜型１：「誰が噛んだか」を伝える方針の場合

　「誰が噛んだか、誰がひっかいたかを伝える」という方針の園もあります。事前に方針を決めておくことはよいのですが、加害児童の名前を伝えたことによって起こりうるあらゆるトラブルについて、園がすべて責任をとれるのかどうか、あらかじめシミュレーションしておくことをお勧めします。

　たとえば、保護者同士の争いになった場合、園はどうするのか、片方の保護者が恐喝まがい（金品の要求など）のことをした場合、園はどう介入するのか。こうしたトラブルに対する対応を整理せずに、被害児童の保護者に加害児童の情報を伝えてしまうと、後で深刻な問題になる可能性もあります。

③ の亜型２：子どもが保護者に話した場合

　園は言わなくても、子どもが親に「○○ちゃんに噛まれた」と話すことがあります。ただ、この情報は必ずしも正確とは限りません

し、「『○○ちゃんに噛まれた』と言っているんだけど」という保護者の言葉を真に受ける必要もありません。

　子どもの言葉が正しいとも正しくないとも言わず、「お子さんはそう言っているんですね。園の決まりとして、こちらからお伝えすることはできませんが、園では今回のことも含め、きちんと把握して、できる限りの対応はしております。子どもたちの間のかかわりも、保育者ができる限りしっかりと見て、噛みつきやひっかき、ケンカなどが起きないように努力しています。ご理解ください」と、こちらの真剣さが伝わるように話しましょう（下のコラム参照）。

④　噛んだ側の保護者に「お子さんが他の子を噛みました」と伝えるか

　では、一方の「噛んだ側」の保護者に対しては、どのように伝えればいいのでしょうか。「噛む」「ひっかく」というのは、子どもの発達の状況ですから、保育園としては、「保育上の情報」としてそれを保護者と共有する義務があります。

　そうは言っても、「あなたのお子さんが○○ちゃんを噛んだんですよ」

子どもの「易暗示性」

Column

　司法面接などの分野で今、大きな課題になっているのが、「子どもの証言の正確さ」「おとなの質問による子どもの証言の変化」です。質問をするおとながもっている思い込み、感情などが質問や態度に現れ、それが子どもの答えを左右することを示す実験は、数多く行われています。この点は、家庭でも保育園でも注意しなければなりません。

と責めるのではありません。日頃の状況も含めて、今、その子の発達がどのような段階にあるのか、何か育ちのうえでの課題があるのか、家庭ではどうなのか、きちんと話しあうことは、まさに園が行うべき「保護者支援」の柱です。そして、保護者も自分の子どもに対してなんらかの課題を感じているのであれば、保護者の心配、気がかりに対する共感を示しながら、保育に対するアドバイスをしていきましょう。もちろん、このときには保護者の性格、コミュニケーションの特徴、家族内の関係なども念頭に置きましょう。

5　噛んだ側の保護者の行動にどう対応するか

(1)　相手の保護者に謝罪したいという場合

　加害児童の保護者に「噛んだ」ことを伝えると、「どの子を噛んだんですか？　噛んでしまった子の親御さんに謝らせてください」と言う場合もあります。噛んだ側も噛まれた側もお互いに「誰なのかを知りたい」と言っており、仲が良いというのであれば、双方に伝えていいという決定もありえます。「園は介入しませんから、お話をなさってください」と言って、まかせる場合です。

　しかし、保護者同士はあまり仲がよくない、入園して間もない、まだお互いをよく知っていない、または、噛まれた側の保護者の側の行動に懸念材料があると園が考える場合には、注意が必要です。噛んだ側は「謝罪したい」という気持ちだけでいても、噛まれた側がそれを素直に受け入れるかどうかはわからないからです。なんらかのトラブルが起こると予測されるのであれば、噛んだ側の保護者に「噛まれた側のお子さんの親御さんは〜という感じの方なんです。お話をしたい、謝罪をした

いということであればお伝えしますが、どうなさいますか」「親御さん同士のトラブルになってしまうと、保育園としては何もできなくなってしまうのですが、ご理解いただけますか」と、まずはアドバイスをしたほうがよいでしょう。

(2) 知らん顔をしている場合

　噛まれた側は怒って「相手を教えろ」と言っている一方、噛んだ側の保護者は「園の中で起こったことだから」と知らん顔をする、という場合もあります。このような場合には、噛まれた側には「名前をお伝えしないことが約束ですから」で通し、「園として、子どもたちの関係づくりにきちんと取り組んでいきます」と伝え続けることになります。

　保育者としては、「自分の子どもが噛んだのだから、自主的に『謝りたい』と思うのが当然じゃないか」「どうして、知らん顔をできるんだろう」「どうして園が間に立たなければいけないのか」と理不尽に感じる部分もあるかもしれません。つい原則を破って、「〇〇さん（噛まれた側の保護者）にお話しなさってはいかがですか？」と口にしてしまったりもするかもしれません。

　しかし、これは園の権限、保育のゴールからははずれた行動です。第3章で説明しているように、保育者が直接、保護者を変えることはできませんし、するべきでもないからです。噛んだ側の保護者から「どうして私が謝らなければならないのですか」と言われたら、苦情をもうひとつ増やすことにもなってしまいます。

　噛んだ側の保護者がどのような行動に出るにせよ、保護者の性格、特徴、家族の中の関係なども普段からしっかりとらえておき、対策の中に活かしていきましょう。

6　噛みつき、ひっかきなどが繰り返される場合

　噛みつき、ひっかきなどは、同じ子どもの間で繰り返される場合が多くあります。この場合も、原則としては上の２で書いた通り、「起きたこと」についてお詫びを繰り返し、下の７のような内容を伝え続けます。相手がわからない場合には、「誰が噛んだ」「誰が噛まれた」ということも言わずに通します。原則は崩さない、方針は一貫して守る、ということです。

　しかし実際には、そのようなケースは稀でしょう。「○○ちゃんが噛んだんでしょう。また同じ子ですよね」と言われた場合には、認めざるをえないことになります。その場合にも、対応は変わりません。次の項で説明する内容を、保育を行う立場から伝え続けてください。

7　「噛みつき、ひっかきは集団保育の中では必ず起こること」

　言うまでもなく、噛みつきやひっかきは、子どもの集団の中では必ず起こることです。言葉をうまく使うことができない段階の子どもたちにとっては、からだで働きかけることが、愛情表現であったり、フラストレーションや怒りの表現であったりするのですから。保育の現場ではあたりまえのこの事実を、保護者にいかに伝えていくかが、この保護者対応の鍵になります。たとえば、このような内容を伝えることです。

> 「子どもの発達段階として、噛みつきやひっかきは必ず起こります。これが、子どもたちの表現方法なのです。もちろん、私たちは噛みつき、ひっかきを放置しているわけではありません。噛みつきそうになった、ひっかきそうになったときには、私たちが感情を受けとめ、言葉がわからないなりにも『○○ちゃんはこんな気持ちだったのかな』

> と語りかけ、落ち着かせていきます。また、噛みつきやひっかきを繰り返す子どもたちがいる場合には、2人をできる限り離すなどの方法もとります。
> 　でも、集団保育の中で、常に必ず噛みつき、ひっかきを防ぐことは、難しい実情をご理解ください。策は講じていますが、この対策で100%、噛みつきやひっかきを予防できるとは言えません。保育に限らないことですが、『これを絶対できる』とお約束することは難しいのです。約束はできませんが、今、申し上げたように最善は尽くしています。ご理解いただけますでしょうか。」

　「保育＝子どもを預かってくれるサービス」と考えられがちな今の社会では、なかなか困難なのが現状ですが、子どもを「集団で」「保育する」ことの価値とリスクを、本来、保護者は理解したうえで子どもを保育園に預けるべきです。価値（利益）には必ずリスクが伴うものだということを理解せず、保護者側の利益だけは追求してリスクは受け入れないという保護者は、施設に過度な要求をしていることになります。

⑧　先回りしたリスク・コミュニケーションを

　ただ、上の7のような内容を、噛みつき、ひっかきが起こった後や、それが繰り返された後に伝えようとしても無理です。何かが起きてしまった後には、こうした言葉は（いくら理にかなっていても）「言い訳」として聞こえるからです。

　そうなると、子どもの育ちとそれに伴うリスクを普段から保護者に伝えていくことが、園の取り組みとしては最重要になるでしょう。噛みつきやひっかきのようにある程度の月齢から始まるものは起こり始める前に、他のケガのリスクも子どもの発達段階に合わせて、「事前に」育ちの情報として伝え、それに対する園としての対策もあわせて伝えていき

ます。園であったヒヤリハット事例を園だよりなどで取り上げて、環境面や保育面での対応を具体的に説明してもよいでしょう。

　ヒヤリハットにしても小さなケガにしても、「園の失敗だから、言いたくない」という気持ちがあるのは当然です。でも、言わないでおくと、保護者は「起こっていないもの」と思ってしまいます。ヒヤリハットも小さなケガも起きている、という事実。それを受けて、できる限りの対策は立てている、という実際の取り組み。これを常日頃から伝えていくことが、園におけるリスク・コミュニケーションの基礎となります。

コミュニケーション事例

　苦情対応の失敗、コミュニケーションのミスは、いろいろなところで起きています。保育者の方が気づいていないものも少なくありませんので、以下に事例を挙げていきます。ここで重要なのは、起きたできごとの内容（駐車違反、遅刻など）ではなく、「仕事の範囲外に出てしまう」「話をすり替える」「価値観をおしつける」といった、保育者側の言動です。

1　保護者コミュニケーション事例1
　　　保育者のよけいなひと言：保育士の仕事の外に出てしまう

事　例

　送迎時に路上駐車をする保護者がおり、近隣住民からも苦情が出て困っています。その保護者に、「ご不便をおかけしますが、**交通違反はしないでくださいね**」と注意しました。

■よけいなひと言：

　交通違反を取り締まるのは警察の仕事。保育者が交通違反について、どうこう言う必要はありません。こう言われた保護者からは、「先生って、交通違反も取り締まるんですか〜（笑）?!」（＝いやみ）なんてことを言われてしまうかもしれません。「上から目線だ」と不快に思う保護者もいます。
　このような言い方ではなく、「なぜ、路上駐車をしないでほしいのか」、園の方針や保育の視点からの要望をきちんと伝えることが大切です。近隣の迷惑のほか、「子どもの事故を未然に防ぎたいから」という内容も伝わりやすいメッセージです。

■正しい声掛けの例：

1．「ご不便をおかけして申し訳ありません。実は、先日も路上駐車している車の陰から子どもが飛び出してきまして（幸いにもケガはなかったんですけど）……。車が停まっていると、とても危ないので、ご協力いただけますでしょうか」
2．「ご不便をおかけして申し訳ありません。ご近所の方から、『子どもや年寄りがいるので路上駐車されると困る』とのお声がありまして……。イベントなどがあるときは、いろいろと手伝ってくださる方たちなんです。ご理解いただけませんでしょうか」

注）この点については、別の考え方、アプローチ方法もあります。NPO法人保育の安全研究・教育センターのウェブサイト（http://daycaresafety.org/）の「コミュニケーションに関するトピックス」の「A-2. かみつき、ひっかき、ケンカについて伝えていく」もあわせてお読みください。

第5章　保護者とのコミュニケーション、苦情対応の実例

2 保護者コミュニケーション事例２
苦情対応の失敗例：率直に謝罪せず、話をすりかえる

> **事　例**
>
> 【苦情内容】
> 　「子どもが朝、なかなか起きなかったので、ちょっと登園するのが遅れます」と園に電話を入れたのに、登園したら担任の先生から「なんで遅れたんですか」と問い詰められるような言い方をされました。よく聞くと、電話連絡の内容が担任の先生に伝わっていなかったようです。信頼していた先生だっただけに、ショックでした。
>
> 【上の苦情に対する園の対応】
> 　子どもの生活リズムが安定せず、保護者は大変なのだ、という事情を受けとめました。担任の言い方に対して保護者が傷ついたことについては謝罪しましたが、「担任は、○○ちゃんの生活リズムを心配して言ったことだと思うので、ご理解ください」と園長から話しました。「まあ、そうもとれますね」と、保護者は理解を示してくれました。

■失敗の理由

　保護者が「登園が遅れる」ことを事前に電話連絡していたにもかかわらず、連絡を受けなかった保育者が問い詰めたことが苦情の原因です。けれども、対応では「子どもの生活リズム」の話にすりかえて、あたかも保護者に問題があったかのようにしてしまっています。保護者が不快に思った点はどこなのか、しっかりとキャッチしなければいけません。保護者が「そうもとれますね」と言っていますが、「そうも」と言って

83

いるところからすると、心から理解して口にした言葉というよりは、「そうもとれますが、私はそうは思いませんでしたよ」といういやみがこもっているメッセージです。

　苦情対応は、その場で保護者を納得させられるかどうかで結果が決まるものではありません。無理に納得させたり、論点をすりかえたりしたのでは、保護者の側に「言いふくめられた」という不快感を残してしまいます。謝るべきところは、率直にきちんと謝りましょう。関連して、保護者に伝えたいこと（この例では「子どもの生活リズム」）がある場合は、機会をあらためて話をします。そうしないと、せっかくの素直な謝罪も台無しです。

　苦情対応で最も避けなければいけないのは、「二次クレーム」と呼ばれるものです。苦情対応の場合、当初の苦情は誠意をもった謝罪や説明で解決する場合が多いのですが、その苦情対応の最中に起こったすれ違いが原因となって、次のクレーム（二次クレーム）が起こることもあります。特に、「スタッフ・クレーム」（苦情対応したスタッフ、そのスタッフの言動への苦情）が発生すると、事態を悪化させ、解決までの道のりを遠のかせます。「苦情対応をしていて苦情を生んでしまう」ことがないようにしないといけません。

■**正しい謝罪の例：**

「事前に連絡をいただいていたにもかかわらず、申し訳ございません。電話をとった者と担任の連絡がうまくいっていなかったことが原因ですので、今後こういったことがないように注意します。ご指摘、ありがとうございました」

3　保護者コミュニケーション事例３
　　コミュニケーション・ミス：ケガの連絡が遅れる

> **事　例**
>
> 　午前中の散歩の途中、子どもが転び、顔に少し傷ができてしまいました。すり傷程度のように見えたので様子を見ていたら、午後になって腫れてきたので、保護者に電話をしました。すると、「なぜ、朝のケガを今、電話してきたんですか？」と、保護者に怒られました。

■失敗の理由：

　顔や頭のケガは、ケガとしても深刻になりやすいだけでなく、後の苦情にもつながりやすいものです（特に女の子の場合）。ですから、ケガをしたらすぐ保護者に連絡。「○○ちゃんが、顔に～なケガをしました。××病院に連れていってもいいですか？」と尋ねましょう。「はい、お願いします」と言われたら病院に連れていく、ケガの状態を聞いて「様子をみてください」と保護者が言えば、そのまま園でみる。いずれにしても、園の判断で連絡をしないでおくと、ケガそのものに対する苦情ではなく、「なぜ、連絡をしてくれなかったの」「連絡があったら～だったのに」という苦情につながります。電話がつながらなくても、留守番電話などに必ずメッセージを残しましょう。電話さえしておけば、「連絡をしてくれなかった」という苦情は生まれません。

　ただし、電話の中では「たいしたことはないと思いますが」「大丈夫そうですよ」といった、主観的な見方を伝えないことが重要です。

4 保護者コミュニケーション事例4
対応の失敗例：保育者自身の「子どもは〜でなければならない」を押しつける

　最近の保護者は、保育者から見ると「過保護」に見えることもあるかもしれません。発達段階に沿わない介助を頼まれることもあるでしょう。そんなときに、「お母さん（お父さん）、それじゃ、お子さんが育ちませんよ」「他の子どもたちを見てください。比べてみたら、〇〇ちゃんは……」というような言葉をかけると、保護者は「価値観を踏みにじられた」「保育者が考えを押しつける」「私の気持ちをわかってくれない」と、保育者に対する不信感をもつ可能性もあります。

　保育者から見れば「過保護」と思われる言動の裏には、保護者のさまざまな事情が隠されているかもしれません。子どもと保護者の様子を見ながら、その部分をときほぐしていっても遅くはないはずです。

　まず、一般的な子どもの育ちの情報を伝えてみたときに、保護者が納得せず、少しでも不満、あるいは不安そうなシグナルを出してきた場合には、とりあえず、保育者自身の「子どもは〜すべき」という考えを示すのは控えましょう。

　たとえば、「そうですね。わかりました。できるだけ、お母さん（お父さん）のご要望に沿えるように努めますね。ただ、一点だけ、ご理解いただきたいことが……。〇〇ちゃんが『自分でできる』『自分でしたい』というサインを出し始めたら、自立を支えるために介助を減らしていきますね。そのときには、お母さま（お父さま）にご相談しますから、それまで見守ってください」と伝えてみてはどうでしょう。

⑤ 保護者コミュニケーション事例5
苦情事例：不適切な、対子どもコミュニケーション「子どもをあだ名やからだの特徴などで呼ぶ」

　子ども全員を、いつもあだ名で呼んでいる園はないと思いますが、何かの折に、「はい、おチビちゃんはこっちね」「○○（病気など）の子はそっちだよ」と言ってしまうことがあります。「園の中のことだから」と思っていても、子どもは傷ついて保護者に伝えるかもしれません。そうなると、特定の保育者だけでなく、園全体への信頼にかかわります。

　保育者が子どもを呼ぶときには、園が定めた一定のルールに必ず基づく必要があります。保育の世界の外を見てください。組織側の人間が顧客を、「お気に入りだから」「かわいいから」「いい人だから」とか、「かわいくないから」「嫌いだから」「病気だから」といって、あだ名で呼ぶことは絶対にありません。保育園や幼稚園もサービス提供主体である、という立場をわきまえて、子どもを呼ぶときにもルール違反にはならないようにする必要があります。

　実は、子どもだけではなく保護者をどう呼ぶかも重要です。「○○ちゃんのお母さん」「△△ちゃんのお父さん」という言い方を保育者はしがちですが、保護者の中にはそうした呼ばれ方を好まない人、苗字で呼ばれたい人も少なからずいるからです。

　子どもたちが保育者を呼ぶときも同様です。集団保育の中では、保育者を一定のルールに基づいた呼び方で呼ばせるようにするべきでしょう。それは、小学校、中学校と子どもたちが成長していくうえで、大変重要な最初のステップとなるからです。

⑥ 保護者コミュニケーション事例６
コミュニケーションの失敗例：「ご家庭で、しっかり子どもをしつけてください」

　クラスが大変な状況になってしまったとき、あるいは個々の子どもの支援がどうしてもうまくいかないとき、保育者がつい、「クラスでこんなことが起きています」「○○ちゃんたちが大変なんです」「ご家庭で、お子さんをきちんとしつけてください」「ご家庭で、もっと〜してください」と言ってしまうことがあります。これは、保育者が自分の言動を意識してコントロールできていない、典型例です。

　保育者は保育のプロですから、ぜひご自身がお手本となってください。プロである以上、「今のクラスの状況は〜です。私たちは、それに対して〜のように取り組んでいます。ご家庭でもぜひ、〜をしてみてください」と、まず自分たちの取り組みを伝えていただきたいのです。「この子の親は〜だから」と、保護者を責めるようなことを保育者が心の中で思うこと自体は止められることではないかもしれません。けれども、それを口にしてしまったら、保護者に無用な不信感を抱かせることになります。

⑦ 保護者コミュニケーション事例ゼロ
苦情事例：「これまでのいろいろなことがあって、保護者との関係がこじれている（ようだ）」

　ここに掲載してきた事例は、保護者コミュニケーションの「最初の誤り」をおかさないためのものです。ですが、実際のところ、今、保育園や幼稚園でみられる大多数の苦情や保護者とのすれ違い、感情のこじれ

は、今までの双方のコミュニケーションのミスや、さまざまな苦情が積み重なってきたものです。たとえば、「どう考えても、保護者が怒っている理由がわからない」「どこでどう、こじれてしまったのか、わからない」「どうして、こんな些細なことで怒っているんだろう」「異動していった担任（園長）との間に問題があったらしいけど、よくわからない」といった事例です。

　こういった事例の場合、もともとのトラブルを究明しようとしても無理です。保護者自身、忘れてしまっているかもしれませんし、尋ねることもできません。そもそも、保護者も気づいていないような小さな「傷」の積み重ねが、何かの拍子に苦情となって現れたのかもしれません。こじれてしまってから根本の部分を解決しようとしても無理ですから、次のように対処することが賢明です。

　①　保護者の気持ちをきちんと受けとめる。
　②　今現在、問題になっている件については、園の裁量を越えない範囲で「できる限り、努力します」と、ひたすら伝え続ける。

　このような事例のときは特に、「保育者自身の感情（個人的な思いや気持ち）」と、「保護者コミュニケーションや苦情対応を担う者としての態度および行動」を、きちんと分けることが必要です。こうした対応の際に、保育者自身の思いで「ついうっかり」言ってしまったひと言から問題がさらにこじれたり、二次クレーム(84ページ参照)やスタッフ・クレーム（84ページ参照）につながっていったりしかねないからです。

保護者との会話の中で、気をつけたいフレーズ

　次に挙げる例は、どれも即、苦情につながるフレーズではないかもしれません。けれども、こうした言葉づかいから保護者が感じとったものは、心の中の小さなしこりとなって積もっていき、それが何かのきっかけで大きな苦情につながる可能性があります。

　特定の言葉、フレーズが問題なのではありません。同じような反応を引き起こしてしまう言葉は他にもたくさんあります。「私のこの言葉が、相手をどんな気持ちにさせるのか」、一つひとつ考えながら言葉を口にすることで、職場でだけではなく、日々発する言葉にも敏感になっていきたいものです。

① 「初めての集団生活なので、葛藤があってあたりまえ」「当然ですよ」

　保護者との会話の中で何かの説明をしようとするとき、「それが当然」「子どもはそういうもの」「集団で暮らす中ではそれがあたりまえ」といった言葉を使うと、かえって事態を悪化させるきっかけになりやすいものです。特に、説明しようとしていることが葛藤やケンカである場合には、このような言い方、言葉は避け、成長・発達について説明してください。

　保育者にとっては「当然」のできごとでも、保護者にとっては「初めて」であったり、知らなかったり……、そういったケースは多々あります。そこで「当然ですよ」と保育者が言うと、「知らないの？」「わかってないのね」「口を出さないで」というニュアンスが保護者に伝わってしまいます。つまり、「当然だ」と言われた瞬間、保育者が上、保護者

が下、という印象がつくられるのです。親しい友人同士であれば、「そんなの、あたりまえじゃない？」と言いあっても軽い冗談で終わるのかもしれません。けれども、保育者と保護者の間の会話では、保護者の心に小さなしこりが残ってしまう可能性があります。

② 「注意していたつもりでした。申し訳ありません」「気をつけて見ていたつもりでしたが……」

「つもり」という言葉は、言い訳になります。たとえば、「あなたを傷つけるつもりはなかった」「嘘をつくつもりはなかった」と言っても、相手にとっての「傷つけられた」「嘘をつかれた」という結果や事実は変わりません。その結果や事実に加えて「つもりはなかった」と言い訳をされれば、怒りや不信感はいっそう大きくなります。

謝罪をする場合、言い訳に聞こえる言葉は不要どころか、よけいに問題を大きくすることになります。不手際は率直に謝りましょう。他の子どもをみるなどしていて一瞬目を離したなら、そのように伝えればよいのです。少しでも責任逃れをしようとすれば、保護者はそれをすぐに察知します。

③ 「本人（同僚）も悪気はないと思いますが……。申し訳ありません」

これも「注意していたつもり」と同じで、言い訳になります。そもそも保育者に「悪気」があったのなら、それは職務上大きな問題です。同僚の不手際を謝罪する場合には、「本人も反省しております。今回のことは大変申し訳ありませんでした」と、ストレートに保護者に伝えましょう。そうしないと、「保育者同士でかばいあっている」と受け取ら

れてしまいます。

④ 「○○さんはそんなふうに感じておられたのですね、気づかずにいて申し訳ありません」

「そんなふう」というのは、いささか「他人ごと」のように聞こえる言葉です。まるで、「今、初めて知った」というように感じられます。「○○さんのお気持ち、私たちが気づくべきでした。大変申し訳ありません」と少し言い換えるだけで、どうでしょう？　印象がずいぶん変わりませんか？　言葉というのは、ちょっとしたフレーズを入れ替えるなどの工夫で、ガラッと印象が変わります。言葉を選んで話していけば、怒っていた保護者の感情も徐々に落ち着いていくのです。

⑤ 「参考になりました」「お疲れさまです」

　日本語の使い方も、実はとても大切です。たとえば、とても小さなことかもしれませんが、話を聞かせていただいた後に「ありがとうございました。参考になりました（参考にさせていただきます）」と言う方がいます。これは、「勉強になりました」と言うべきところです。「参考にする」では、「参考程度に聞いておくね」という意味あいになります。

　また、誰彼の区別なく、どんなときでもあいさつ代わりに「お疲れさまです」を使う人も少なくありません。ひとつの言葉ですべてのあいさつを済まそうとするくらいなら、さまざまなあいさつの言葉をしっかり学びましょう。また、「お疲れさまです」と言うべきところを、「ご苦労さまです」と言う方もいます。「ご苦労さま」は、あくまでも上から下へのねぎらいの言葉。こうした小さな「非常識」が保護者の感情を害す

ることもあるのです。

⑥ 「私が子どもを育てたときは……」

　子育て経験のある保育者が口にしがちな言葉です。子育てに不安を感じている保護者の中には、この言葉で「ああ、これでいいんだ」と安心する人もいます。ただ、一歩間違えると、保護者にもっと大きな不安を感じさせてしまう可能性があります。つまり、保育者が語った「私の子ども（たち）」の話は、その保護者の子ども（たち）にはあてはまらないかもしれないのです。

　このフレーズを使うときは、その保護者とお子さんの状況をよく考えたうえで、成長・発達の多様性（違い）も含みこむ言い方にしてみてください。

⑦ 「そんなつもりで言ったわけではありません」「そんなふうには言っていません」

　これは、相手が保護者であれ、同僚であれ、誰であれ、「言ってはいけないフレーズ」です。

　コミュニケーションは、メッセージの発信者と受信者がいて成り立つものです。そして、発信者が伝えようとする情報や意見、気持ちは、発信者一人ひとりがもつ「伝え方」のフィルター（癖）を通して発信されます。一方、受信者一人ひとりも必ず、「受け取り方」のフィルター（癖）をもっており、そのフィルターを通してメッセージを受け取ります。たとえば、なんでも言葉通りに受け取る人もいれば、なんでも「裏を読もう」とする人もいます。受信者が送信者を嫌っていたら、受信者はどん

なメッセージも歪めて受け取るでしょう。

　メッセージを発したら、後は受け取り手の受け取り方次第です。ですから、「そんなつもりで言ったわけじゃない」「そんなふうには言ってない」と言っても後の祭り。そう言えば言うほど、コミュニケーションはこじれていきます。「この人は、私が言ったことをこういうふうに誤解したんだな」と気づいたら、相手の気持ちを傷つけないよう言葉づかいに注意しながら、少しずつ誤解を解いていきましょう。

　「なんでこの人、私の言っていることをわかってくれないの」と怒るのは簡単です。でも、それではコミュニケーション・スキルは向上しません。コミュニケーション・ミスが起きたら、「私が伝えたいことを、この人に伝わるように伝えるには、どういう言い方、どういう伝え方をしたらいいだろう」と考えながらコミュニケーションをつくっていく、そのための積極的な機会にしていってください。

園だより、連絡帳によくあるフレーズ

　ここに挙げたフレーズは、園だよりや連絡帳によく登場するものです。雑誌などの文例集に掲載されているものもありますから、それがあちこちで使われているのかもしれません。

1　保護者の多様化、価値観や生活の多様化に合わない表現

文例
○お正月のお休みは、ご家族そろって楽しく過ごされたことと思い

ます。
○家族みんなで過ごしたゴールデン・ウィークはいかがでしたか。
○明日は参観日。子どもたちは、家族やきょうだいが来てくれるのを心待ちにしています。

　保育者も家族の多様化はよくわかっていますから、「どんな形だって、家族だよね」と思っていらっしゃることでしょう。でも、保護者が本当にそう思っているかというと？　シングル・マザー（ファザー）であることに負い目を感じていたり、親族との仲が良くないことで悩んでいたり怒っていたり……。園からのおたより類で「家族」という言葉を使うときには、細心の注意が必要です。

　保育者、園が「家族」についてどう考えているかは、問題ではありません。保護者の心に映る「家族」という言葉のイメージについて、想像力を働かせてください。

2　暗に保護者（の生活態度）を責める表現

文例

○明日（○○日）は遠足です。疲れが出ないよう、今日（前日）はゆっくりできるといいですね（休ませてあげてください）。
○ゴールデン・ウィークも終わりました。生活リズムが元に戻るよう、今週はゆったりと保育をしたいと思います。
○お正月はつい夜更かしや食べ過ぎをしてしまいがちですね。生活リズムが崩れていませんか？　元に戻していきましょう。
○もうすぐ夏休み。子どもたちに疲れが残らないよう、無理のないスケジュールを立ててくださいね。

こうした表現は、雑誌などの文例にもひんぱんに出てきます。子どもの生活リズムの乱れは、園生活にも大きく影響しますから、保護者にはきちんと伝えたい点ですね。でも、こうした一文だけをポンと載せてしまうと、「疲れさせてないわよ」「子どもの生活リズムは崩してない」という反感をもつ保護者も少なくないでしょう。また、保護者の仕事上、どうしても子どもの生活も夜型になってしまう家庭もあり、そのことを保護者が気にしている場合には、保護者の罪悪感を強めてしまいます。
　「生活リズムをつくるため、保育園はこう取り組んでいる」という点を具体的に書いたうえで、「ご家庭でも〜してください」「一緒に〜しましょう」と呼びかけてはいかがでしょうか。

③　園での感動、驚きを保育者が独占している表現

文例

○子どもたちが今日、〜できて、私はすごく感動してしまいました！　おうちでもそんな姿を見てください。（注）
○子どもたちの成長はめざましく、私たちも毎日、驚き、感心しています。

　こうした表現がいけない、というわけではありません。そうではなく、この文章で終わってしまってはいけない、ということです。保育者は日中、ずっと子どもたちの姿を見ていますから、感動も驚きもあります。集団保育ならではの発見もあります。そうした気持ちや発見を、日

注）保育者は、保護者に対してもつい「おうち」「お友達」といった子ども言葉を使いがち。保護者はおとなです。「ご家庭」「他の子どもたち」といった表現を使いましょう。

中の姿を見ていない保護者にどう伝えるか、これが保育者のプロとしての仕事です。そうしなければ、保護者にとっての子育てはどんどん「他人ごと」になっていってしまいます。

たとえば、「こんなことができるようになってきました。ご家庭では、こんなふうに励ましてあげてください（手伝ってあげてください）」と書けば、園と保護者をつなぐことができます。保育者が子ども一人ひとりを観察していなければ、園だより、クラスだより、連絡帳は書けませんが、園で観察したことをどうやって家庭につなぐかも、コミュニケーションの大きなポイントになります。

4 園のルールを伝える表現

> **文 例**
>
> ○〜の交換が子どもたちの間ではやっているようです。お子さんが「持っていく」と言っても、持たせないよう、ご協力をお願いします。

保護者は、なぜ持っていってはいけないのか、十分に理解していない場合があります。「これはルールですから」と説明しても、なぜそのようなルールがあるのかわかりません。たとえば、「○○を誤飲すると、大きな事故を招くことがあるのです。実際に昨年のこの時期にも、他園で事故が報告されています。私たちの園では、事故防止のためにこうした取り組みをしています」など、具体的に説明することが必要です。そうしないと、「頭ごなしに命令されている」と受けとめられます。

⑤ 園の取り組みを伝えない表現

文 例

○そろそろインフルエンザが流行し始めました。予防接種はもうお済みですよね。
○感染性胃腸炎がはやり始めました。嘔吐や下痢の症状に気をつけましょう。

　こうした文章も文例集などからコピーされているようですが、健康関連の表現には、保護者に対して注意喚起や努力を促すばかりで、園ではどのような取り組みをするのか（しているのか）が書かれていない場合も、少なからずあります。「園では、このように努力をしています。ご家庭でも、～のような取り組みをなさってください」と言わなければ、保護者は「園は何をしているの？」と思ってしまいます。
　逆に、「風邪や感染症が流行し始めました。保育園全体で健康管理に努めてまいります」と、園だけでがんばるかのような表現をしている場合もあります。子どもの健康は家庭と園の両方で守るものですから、どちらが欠けてもいけないのです。

⑥ 頭ではわかるものの、「どうしたらいいか」がわからない表現

文 例

○お子さん、睡眠は十分にとっていますか？　早寝早起きは、からだだけでなく、脳の発達にとっても大事だということがわかってきました。保育園と家庭の連携で、子どもたちの生活リズムをしっかりつけていきましょう。

これも健康関係の内容に多い表現です。「こうしましょう」「こうすると良い」と書いてあり、理屈としてはわかるのだけれども、忙しい保護者は具体的に何をできるのか、まず何をすればいいのかがわからない、そんな内容です。

　これは健康心理学の基本ですけれども、健康に関することについて、人間はすぐ「取り組みたい」「取り組まなければ」と思うものです。テレビの健康番組が人気を博するのは、このためです。ところが、「取り組みたい」「取り組まねば」だけでは、決して動かない、動けないのが人間です。「取り組みたい」という気持ちと一緒に、「よし、これなら自分にもできる」という気持ちをもって初めて、私たちは健康行動にとりかかるのです（始めた健康行動が続くかどうかは、また別の問題です）。

　ですから、保護者に向かって「こうしたらいいですよ」「こうしましょう」と言っても、「これなら、私にもできる」と保護者が思うような具体策がなかったら、何も変化は起きません。逆に、「わかっているけど、できない」という自責の念や、「できるわけない」といった開き直りにつながってしまうこともあります。

　子どもの健康について情報提供をするときは、「保護者が具体的に、簡単に、今すぐできる方法」も、一緒にわかりやすく伝えてください。

7　子どもの気持ちを「代弁」して、保護者の気持ちを傷つける表現

文例

○〜ちゃんは、お母さんが〜でちょっと悲しそうでした。
○親御さんが〜してあげると、お子さんはきっとうれしいと思います。

子どもの気持ちを代弁してあげたい、そして、保護者にも子どもの気持ちをわかってほしい、と思うのは、保育者として当然かもしれません。でも、子どもの気持ちを代弁する言葉を書くとき、口にするときは、「これは私の思い込み（子どもの感情の勝手な解釈）じゃないかな」「これは、保護者に向かって書いても（言っても）大丈夫かな」「これを読んだら（聞いたら）、保護者の方たちは（または、この特定の保護者は）どう感じるかな」と考えることを忘れないでください。場合によっては、保護者は「責められている」と感じたり、プレッシャーを感じたりするからです。

ステップ・アップ編①
園長、施設管理者の皆さんへ：苦情対応に関する国際規格

● 苦情は苦くありません

　自給自足の時代であれば、自分で作った作物に不満があっても、それを他人のせいにすることはできず、来年もっと良い作物を採るにはどうしたらいいのか、自分で解決するしかありませんでした。しかし現代の大量生産・大量消費時代においては、人間は「消費者」として、商品やサービスを消費する立場にあります。知らない人が作ったものを消費して、毎日の生活を営んでいます。ですから、購入した商品に不満があれば、その商品を作った企業に対して不満を言うことになります。日本では1970年代以降、多くの企業がお客様相談室を設け、消費者の声を収集し、商品の改善や、製品事故の未然防止、マーケティング活動などに活用してきました。これは、苦情をしっかりと受けとめることが消費者の保護となり、結果として、こうしたことに取り組んでいる企業が信頼を勝ちとるからです。

　「苦情」は「にがい（苦）」という文字が入っているがために、非常にネガティブに受け取られる傾向があります。筆者（加藤）は、「苦情対応の仕事をしています」と言っただけで、同情や心配をされることが多くあります。確かに、お客様に怒鳴られることや、人格を否定されるようなことを言われたりすることの多い仕事ではあります。しかし、どのような職種・業種であろうと、仕事をするというのは、いつでも「つらい

ことと隣り合わせ」ですよね。ですから、苦情対応の仕事が特別「大変」とか「つらい」とは思わないでください。それよりも、苦情対応の仕事をしていると、special present（特別なプレゼント）があるのだということをむしろ知ってください。

それは、お客様から「あなたに相談して良かった。なんだかスッキリしたわ、ありがとう」「僕の意見をしっかりと聞いてくれて、ありがとう」「私がこんなにキツク言ったのに、あなたは何も言わずに最後まで聞いてくれるなんて……。私、言いすぎちゃったわね、ごめんね」「何かまたあったら、あなたと話をしたいな」と言ってくださる、これほどうれしいプレゼントはないのです。

こうしたプレゼントは、自分自身で受け取るものでもありますが、実は同時に、組織への大きな貢献にもなります。苦情対応の最終目的は、「お客様に、また利用してもらう」ことです。目の前の問題を解決するだけでは、不十分です。究極は、「あなたがいるから、この企業の商品を選びます」と言っていただけること。それが、苦情対応のプロの仕事です。保育者の場合であれば、利用者である子どもと、その保護者から「あなたがいるから、この園を選びます」と言ってもらえるくらいの仕事をすることが、組織への貢献となるのです。

●なぜ苦情は起きてしまうのでしょうか

組織の苦情対応についてはすでに国際規格が作られていますが、その規格（ISO 10002：2004 Quality management―Customer satisfaction―Guidelines for complaints handling in organizations〔JIS Q 10002：2005品質マネジメント―顧客満足―組織における苦情対応のための指針〕）では、苦情（complaint）を「製品又は苦情対応プロセスに関して、組織に対する不満足の表現で、その

対応又は解決が、明示的又は暗示的に期待されているもの」と定義しています（ISOは国際規格、JISは日本国内の規格です。日本語では苦情をクレームと言いますが、英語ではcomplaintと言います）。

　ちょっと難しい表現ですね。「商品やサービスに対して抱いていた期待が裏切られたときの不満足の表れ」と言えば簡単かもしれません。私たちの日常生活に目を向けますと、実はこのような不満足は意外に多いと思いませんか。「『あま～いイチゴ！』と広告に書いてあったのに思ったほど甘くなかった」「『信頼の日本製』と書いてあったカメラが、すぐに壊れた」「スーパーの店員さんが水をこぼして、私の洋服が汚れた」「電車が時間通りに来なかった」「病院で名前を間違えて呼ばれた」など、日々の中で大なり小なり、不満を感じることがあるのではないでしょうか。この不満を「期待値とのギャップ」と呼びます（下のコラム参照）。

　しかしこの「期待値とのギャップ」を解決するにあたり、最も難しい

苦情は、「実際の感想が期待を下回ったとき」に起こる
Column

　Aさんが、とてもお腹がすいていたときに、レストランで「特大ステーキ！　満腹保証！」というメニューを見つけました。早速注文してみました。しかしどうでしょう、Aさんは、それを食べ終わってもお腹いっぱいには感じませんでした。期待していただけに、ガッカリです。Aさんが事前に抱いていた期待値（「絶対に満腹になるだろう」という期待）を大きく下回り、不満を感じた瞬間です。

　一方、同じ大きさのステーキを、とてもお腹がすいていたBさんが食べました。BさんはAさんと違い、「これはすごい！　お腹いっぱいになったぞ！　またこのお店に来たいな！」と大満足です。つまり、感じ方というのは、人によって全く違うのです。

103

ところは、「期待値」が人によってバラバラであるという点です。まったく同じ商品、サービスであっても、期待値にはその人の過去の経験や金銭感覚、購入目的、価値観などさまざまな要因が複雑にからみあいます。同じ商品であっても、100人いたら100通りの期待があると言えます。ですから、苦情対応を行う場合、その消費者が事前に抱いていた期待がどのようなものだったのかは、個別に測ることになります。つまり、まちがっても「そんな小さなことで、どうして苦情を言うのだろう」という態度を見せてはいけないのです。「そんな小さなことでも、苦情を言ってきてくれるということは、まだ関係改善の望みが残っている」と思えることが大切です。

●園と保護者の良い関係構築のために

「当初、園に対する苦情や指摘の多かった保護者が、どんどん協力的になり、保護者会でも中心的な役割を果たしてくれるようになった」という話は、よく聞くところです。苦情の発生から解決までの過程は、園と保護者、どちらにとってもストレスとなり、非常にエネルギーを使うものです。だからこそ、お互いに納得のいく解決方法が見つけられたときには、両者に安堵感と信頼感が生まれます。そうすると、後の関係も良くなり、保護者にとっても園にとってもその関係は宝物になります。

園との関係で「良い経験」をした保護者は、他の保護者へも良い影響を及ぼしていくでしょう。苦情が解決される過程を見ることで、他の保護者も「小さなことだけど、園に言ってみようかな。ちゃんと解決してくれるかも」と思うようになります。こうしたポジティブな「口コミ」によって園に対する肯定的な見方や行動が広がっていくと、園の運営も円滑に進むはずです。

一方で、苦情対応を誤ったり、保護者からのシグナルをとらえ損ねたりすると、言うまでもなく、さらなる不満、さらなる苦情につながります。これを「二次クレーム」と呼びます。最初の苦情対応に失敗して、二重にクレームが生まれてしまうと、二次、三次のクレームを解決することはとても難しくなります。「何事も最初が肝心」と言う通り、苦情や苦情以前の保護者からのシグナルは、「見落さない」「早めに気づく」「丁寧・誠実・適切な対応を心がける」ことが大切なのです。

●「良い苦情対応」の考え方と苦情対応国際規格（ISO）

　では、良い苦情対応とはどのようなものでしょうか。よく、「真摯に対応する」「真心をもって取り組む」「相手の立場に立って」といった抽象的な表現が見られますが、これは組織が掲げる「苦情対応方針」「理念」にすぎません。方針や理念に従って、「具体的にどのような行動をとることが必要なのか」を考えることが重要です。

　苦情対応の業界では、「公平」という意味の言葉を「衡平」と書きます。「衡」は「バランス」という意味です。なぜ「バランス」という言葉が入っているかというと、苦情対応の中では、消費者と組織（事業者）の間にある力関係の違い（情報の質、量、交渉力の格差）を考慮し、真の「均衡（バランス）」を保つ必要があるからです。つまり、組織（事業者）が一方的にその力を利用して消費者をおさえつけたり、無理に納得させたりするようなことをしてはならないのです。この原則のもと、組織（事業者）は、サービスの利用者や消費者が「知らないこと、わからないこと、気づかないこと」なども十分に考慮して解決策を考えなければなりません。これが利用者保護（消費者保護）の観点です（消費者を保護する法律については107ページのコラムを参照のこと）。

ここに苦情対応で重要な6つのポイントを記します。

① 苦情解決の開始から終了までのすべてのプロセスが、利用者、消費者にわかりやすく、公正であること。
② 迅速、丁寧、適切、衡平（公平）な対応を行うこと。
③ 苦情解決案に、利用者保護（消費者保護）の視点が盛り込まれていること。
④ 苦情解決の全プロセスとその結果に、客観的な視点が盛り込まれていること。
⑤ 苦情を定期的に分析し、改善活動に活かすこと。
⑥ 苦情対応に必要な研修を受けること。

つまり、苦情を申し出る先がどこなのかわからなかったり、申し出た後にどのように処理（対応）がされるのかがわからなかったりする場合は、①に反します。また、対応する職員の資質によって解決策が異なる場合（たとえば、A保育士とB保育士では対応方法や対応結果が異なる）には、②の「公平性」に反します。

文章にしてしまうと簡単に見えますが、こうした公正さ（正しさ、正義）を現場で保証することは容易ではありません。特に保育園や幼稚園では、保護者から発せられるさまざまなシグナルを園長、主任、担任、非常勤職員などいろいろなスタッフが受け取ります。そうすると、「誰が最初に受け取ったか」で解釈のしかたや対応のしかたが大きく異なってしまう可能性もあります。「相談窓口」を置いている企業とはまったく異なる、苦情対応の難しさがここにあります。

先述の苦情対応の国際規格（ISO10001、10002、10003）は、あらゆる種類の組織に苦情対応システムを導入することができるため、苦情対応に困っている保育園からも注目が集まっています。簡単に言うと、国際規

格に従ったシステムでは、①苦情を未然に防ぐための方策、②苦情が起きてしまったときの対応策と改善策、③内部で解決できない苦情を外部に付託する方法、この３点が網羅されます。苦情は、組織に対して述べ

消費者保護って？！

Column

「消費者保護」という言葉を聞いたことはありますか？ 消費者は、事業者との間では、力関係の上で不利な立場に置かれることが多くなります。そのため、消費者を保護するための法律が各種あります。ここでは、その消費者保護理念を掲げた「消費者基本法」をみてみましょう。

(1) 消費者基本法　第１条（目的）　この法律は、消費者と事業者との間の情報の質及び量並びに交渉力等の格差にかんがみ、消費者の利益の擁護及び増進に関し、消費者の権利の尊重及びその自立の支援その他の基本理念を定め、国、地方公共団体及び事業者の責務等を明らかにするとともに、その施策の基本となる事項を定めることにより、消費者の利益の擁護及び増進に関する総合的な施策の推進を図り、もって国民の消費生活の安定及び向上を確保することを目的とする。

(2) 消費者基本法　第５条（事業者の責務）　事業者は、第２条の消費者の権利の尊重及びその自立の支援その他の基本理念にかんがみ、その供給する商品及び役務について、次に掲げる責務を有する。　１．消費者の安全及び消費者との取引における公正を確保すること。　２．消費者に対し必要な情報を明確かつ平易に提供すること。　３．消費者との取引に際して、消費者の知識、経験及び財産の状況に配慮すること。　４．消費者との間に生じた苦情を適切かつ迅速に処理するために必要な体制の整備などに努め、当該苦情を適切に処理すること。

(1)では、消費者と事業者の間にある格差がどのようなものかが記されています。(2)では、事業者（園）が果たすべき責務が記されています。園が利用者に対してどのように責任を果たすべきか、十分に検討する必要があります。

られるものですから、個人の勝手な判断によって対応すべきものではなく、誰が対応しても結果が同じであることが原則です。こうした苦情対応システムを導入することで、保護者からも「ここの園はしっかりと苦情を受けとめてくれるのね、安心だわ」と信頼を寄せてもらえますし、逆に「しっかりとした体制で苦情を受け付けているのなら、あまり法外なことを言ってはいけない」と保護者自身に考えてもらう機会ともなりえます。

　ISO10002を導入している企業は、日本でも数多くあります。導入を公表している企業としては、たとえば、富士フィルム株式会社、ミズノ株式会社、全労済、大島椿株式会社、株式会社ブルボン、東京海上日動リスクコンサルティング株式会社などがあります。

　一方、現時点で、苦情対応の国際規格（ISO10001、10002、10003）を包括的に導入し、それを表明している保育園は日本国内にはありませんが、2013年4月に開園した社会福祉法人渋谷区社会福祉事業団の認定こども園2園（本町きらきらこども園、神宮前あおぞらこども園）が、これら3規格の導入に向けて取り組んでいます。苦情の未然防止、発生した苦情の解決方法と改善方法、どうしても解決できない苦情を第三者組織に付託する方法など、苦情への総合的な取り組みに向けて、システムの構築を進めているところです。

ステップ・アップ編②
企業の取り組みを聞いてきました！
「消費者の声って、どうやって活かしているの？」

　企業では、消費者（利用者）の声をどのように活かしているのでしょうか。

　ここでは、保育園や幼稚園用のトイレスペース製品で読者の皆さんにとってもなじみが深いTOTO株式会社をご紹介します。同社お客様本部の谷一暢樹氏（写真）にお伺いしたお話をもとに、顧客の声を活かした商品開発事例をご紹介し、良い「消費者（利用者）対応」とはどういうものかについて筆者（加藤）の考えを記したいと思います。

　住宅設備機器を製造販売するTOTO株式会社は、1917（大正6）年創業の老舗企業です。保育園や学校、公共施設などでTOTO社製の子ども用のトイレ・洗面台をご覧になったことがあるかもしれません。実は少し前までは、子ども用のお手洗いは「子ども用に小さく作ればいいじゃないか」という単純発想だったそうです。しかしお手洗いなどの水回りは、子どもには使い難いため、事故も起きやすく、保育園においても十分に配慮が必要な場所であることは言わずと知れています。ドアに手を挟んだ、滑って転んだ、便器から転落した、など事故事例を耳にすることがあります。そこで、子どもの事故を未然に防ぐための水回り空

間の設計や、子どもの発育・発達に合わせた子どもが使いやすい製品の構想が始められ、2007年10月にTOTOから「キッズトイレスペース商品」が発売されました。

　なぜ、「小さければいいじゃないか」ではなく「子どもが使いやすく、清潔で、安全な製品」を作ろうという発想になったのか。これは、TOTOの初代社長・大倉和親氏が二代目社長・百木三郎氏にあてた手紙に起源があると筆者（加藤）は考えます。

　　「どうしても親切が第一
　　　奉仕観念を以而仕事をお勧め下され度
　　　<u>良品の供給、需要家の満足が掴むべき実態</u>です。
　　　此の実態を握り得れば<u>利益・報酬として影</u>が映ります。
　　　利益という影を追う人が世の中には多いもので
　　　一生実体としてとらえずして終わります。」（下線筆者）

　つまり、製品やサービスを供給する側は、常にその品質を確保し、消費者が満足するものを提供しなければいけないということです。そして、そこから生まれる「利益・報酬」は決して「光」ではなく、「影」なのだということ。影である利益ばかりを追求してしまっては、消費者の満足の向上がおろそかになり、事業の存続が危うくなるということなのです。素晴らしいお言葉ですね。

　TOTO株式会社のお客様相談室には、毎日全国のお客様から問い合わせ、苦情、意見が寄せられています。その中に、子どもをもつ母親から、あるいは保育園の先生からの意見もあったそうです。「小さな子どもでも操作できる洗浄レバーがあればいいのに」「手すりがあったら子どもが自分で座れるのに」「清潔なトイレ空間であってほしい」。こうし

ステップ・アップ編②　企業の取り組みを聞いてきました！「消費者の声って、どうやって活かしているの？」

子ども用便器 　　子ども用小便器 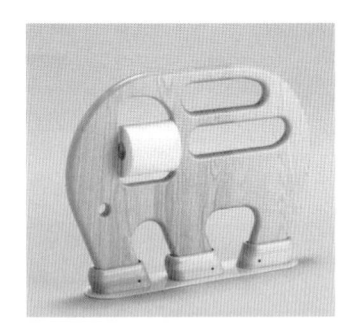　　手すりとトイレットペーパー

た要望は「キッズトイレスペース」開発の強い後押しとなりました。そして、TOTOの社員（ユニバーサルデザイン研究所の職員）は実際の保育現場に足を運び、保育の体験を通して、子どもたちがどのようにトイレを使い、保育士がどのような注意を払っているのか、現場で収集した生の声を活かして製品開発に挑みました。このキッズトイレスペースが、各器具のデザインと開発過程の調査・検証の取り組みにおいて2007年のキッズデザイン賞を受賞したのは、消費者（子ども利用者・保護者・保育士）の声に耳を傾けた成果であることは間違いありません。

　筆者（加藤）は仕事柄、多くの企業の消費者対応部門をみてきましたが、良い消費者対応とは以下に集約されると考えます。

① 消費者からの苦情を糧に改革をする意識のある経営者（責任者・リーダー）がいること。
② 苦情を処理するのではなく、解決する姿勢があること。
③ どの消費者にも平等・公平に対応し、誠心誠意の態度で臨むこと。
④ 「また利用したい」と言ってもらえることが最終解決であるという意識があること。
⑤ たったひとつの意見でも、そこからさまざまなリスクを想像し、アイディアを創出することができるスタッフが多数いること。

「消費者の声を活かす」と言うととても聞こえが良いですが、実はとても大変なことなのです。組織全体にその意識がないと、担当者がたった一人で奮闘することになってしまいます。まずは、組織としての方針を固め、組織全体が消費者志向になるような小さな取り組みを一つずつ実践していくこと、これが遠回りのようで実は最も早い「近道」です。

ステップ・アップ編③
園内コミュニケーション研修を続けてきて
──成果とこれからの展望──

●インタビュー
社会福祉法人柏鳳福祉会・柏鳳保育園（千葉県我孫子市）
園長：松丸久美子先生
主任：石河優子先生

（インタビュアー：掛札逸美）

　筆者（掛札）は柏鳳保育園で2年近く、コミュニケーション研修を担当させていただいています。傾聴や効果的な話し方といった一般的な内容だけでなく、お互いを知っている中で実施する園内研修だからこそできる、感情の気づきや人間関係の課題の洗い出しなどを続けてきました。この研修について、同園の松丸先生と石河先生にお聞きしました。

松丸：柏鳳保育園は昭和52年、60人定員で開園しました。翌53年には認可園となり、我孫子市でも早い時期に完全給食を取り入れました。今でも周囲に田園風景が広がる住宅地の中にありまして、「食」は大事な取り組みととらえ、3歳からのクッキングもしています。

　我孫子市は都内に通勤する方も多い地域ですけれども、「子育てしやすい町」を掲げ、待機児童ゼロを続けています。そんななか、老朽化していた園舎を全面改築、平成17年7月からは定員100名に増やしました。今、お子さんの数は約130人（一時預かりを含む）、職員の数は全体で約30

113

人です。

　私たちは、子どもたちに「今日も保育園、楽しかった！」と言ってもらえる保育を心がけながら、一方で、どんな時代にも自分の力で生き抜くことのできる力をもつ、そのような育ちの基礎をつくりたいと思い、保育をしています。私自身は、昭和54年4月から柏鳳保育園で働き始め、平成元年6月から園長を務めています。石河も昭和62年4月から柏鳳保育園で働いています。

掛札：私が平成23年度、安全について園内研修をさせていただいたのが最初でしたよね。それがなぜ、コミュニケーションの研修に展開していったのでしょう。

松丸：安全の研修の中で、「安全を確保するには、園内コミュニケーションが鍵」と聞いて、「そうなんだ！　これだ！」と思いました。人間関係の課題が見えるできごとも、いくつか出てきた時期で……。「園内の話だ」と私たちが思っていても、実際は保護者の方のほうがいろいろと見ていて、「園長先生、ちょっと……」という形で保護者からの声が年々大きく聞こえてくるようになっていたのです。

　「なんで、職員がこんなに人間関係に悩んでいるんだろう」「子どもたちのために働かなければならないのに、別のところ（人間関係）にエネルギーを使ってしまっているなんて」と、当時は思っていました。「コミュニケーションがうまくなると、そこを少しは変えられるのかな。保育に集中できるかな」って。

掛札：柏鳳保育園では、コミュニケーション研修の前から、中村次雄先生のマナー研修（注1）をなさっていましたよね。マナーの中にも、コミュニケーションは入っていると思うのですが。

石河：入っていると思います。でも、マナーとコミュニケーションは違うんですよね……。マナーは「自分自身を高めるため」で、コミュニケー

ステップ・アップ編③　園内コミュニケーション研修を続けてきて——成果とこれからの展望——

柏鳳保育園

ションは「他人とのかかわりを良くするため」でしょうか。マナーは、自分自身の基礎ですよね。コミュニケーションはマナーという基礎の上につくっていく感じでしょうか。

松丸：一流のホテルに行くと、そこに滞在している間じゅう、不快感がないでしょう？　一人ひとりのお客さまに対して、縦横の連携がなされていることに対して「すばらしい！」と常々思っていました。保育はもちろんホテルとは違うけれども、私たちにも共通するところがあるはず、と考えたんです。

　まず、働いている人同士が不快に感じない、そして、毎日訪れるお子さん、保護者の人たちを不快に感じさせないというのが大事なんじゃないか。お子さん、保護者、同じ職場の仲間、そして、自分自身についてもそうです。すべての人や物に対する「人としてのルール」を知ること、周囲にも伝えていくことが大事だと考えて、マナー研修を始めたのです。

　いざ中村先生に、一番基本である挨拶のしかたを教えていただいたと

115

園長・松丸久美子先生

き、「では、実際やってみましょう」と試してはみるものの、教えられた通りの挨拶は、なかなかできません。頭の下げ方、手の位置、声のトーンなどなど、「意外と難しいんだなあ」と。でも、「できないね」「難しいね」と言っていたのでは、変わりませんよね。「今やらなくて、いつするの？」ですから。マナーもコミュニケーションも日々の小さな改善があって、初めて変わっていくものなんだな、あたりまえのことがあたりまえにできる、その難しさを実感しながら毎日繰り返すことが大事なんだと、切に思いました。

掛札：マナー研修やコミュニケーション研修の効果は感じていらっしゃいますか？

石河：挨拶は、それまでも普通にはできていたと思いますけど、それ以上に、お互いの声がけが増えています。小さなことでも「あ、○○しておいてくれたんですね。ありがとうございます！」という声が聞こえるようになりましたし、たとえば、他の職員が紙の束を持っているのを見たら、「ああ、それって今日、配る物でしたよね」「私も配ってきましょうか」という声が出てくるようになった。それは、べつにお互い言わなくてもさしつかえないことなのかもしれませんが、お互いの仕事にいい意味で目配りをしあっている、確認しあっている。それが少しずつですけど、ちゃんとした言葉になっていると思います。

松丸：これまでだと、朝礼や終礼で誰かが「〜をお願いします」「〜は何時からです」と言って、それでなんとなくおしまい。疑問があっても質問しづらくて黙っていた。それが今は、「お願いします」に対して

「じゃあ、私は××をしておくね」「○○もしたほうがよくないかな？」という反応とか、スケジュールの確認に対しては「○時からだったっけ？　ごめん、かん違いしてた」という声が出てくるようになりました。

「わかったつもり」だったことが違っていたと気づく先生も出てくるし、簡単な行事確認が自然にチームの動きの話になっていったり……。園長や主任が指示しなくても、そういう話が自然に出てくるようになってきました。

石河：掛札先生がおっしゃっていますよね。「自分が言ったことと相手が理解したことは、違う場合があるから、ちゃんと確認しないといけない」と。「声がけは一往復半」（注2）じゃないですけど、やっぱり確認は大事で、それは「お互いさま」なんだっていう気持ちが根づいてきたのかもしれません。

たとえば、「やっといてね」とか「お願い」だけじゃ言いっぱなしだから、後になって「え、そういうふうにお願いしたんじゃないのに。違うじゃない！」「まだ、してなかったの？」「聞いてませんでした」「私はこう思ったんですけど」ということにもなってしまう。だから、こまめにお互いが確認しあって、「そこまで進んでるんだ。ありがとう！」「あ、そういうふうに変えてみたの？　そのほうがいいね。じゃあ、こっちはこうしてみたら？」という会話ができるというのは、すれ違いをなくすだけではなく、それぞれの考えや意見を出していく、という意味でもいいなあと思います。

松丸：あとは、あたりまえのことですけど、同じ内容でも、どういう言い方をするのかによって受けとられ方が違うっていうことを意識できて、言い方を少しずつ変えられるようになってきたことでしょうか。「○○さんが、～と言ってたんだよ！(語尾が強く、上がる)」と言うのか、「～って言ってたみたいだよ（穏やかに）」と言うのかでは、まったく違

いますよね。頭ではわかっていても変えられなかった行動が、行動を実際に変えるための研修を中心に行ってくることで変わってきたと思います。

石河：先生の中から、「朝礼や終礼で、みんなのうなずきがちょっと最近少ないですよね」という声が出てきたりもしてますね。「もっとしっかりうなずきます」とか。「人の話を聞く」というのはどういうことなのか、私たちの毎日の動きの中に浸透してきた実感もあります。

掛札：お子さんに対するコミュニケーションや声がけの話は、研修の中ではまだほとんどしてませんけど、何か変わってきました？

石河：子どもに対する声がけは、全般的に柔らかくなったと思います。誰でもつい、きつく言ってしまうこともありますけど、そういうところを見たら今は、他の先生が「ほらほら、ちょっときつくなっているよ」と、サラッと声をかけることもできていますし。

松丸：そこが、園の外の方を研修にお呼びする利点ですよね。何かあったときに「ほら、中村先生が〜って言ってたでしょ」「掛札先生が〜って言ってたでしょ」と言うと、言っている側も言われている側も、「ああ、そうだった」という再確認ができるんです。これを園長の言葉、主任の言葉として話すと、園長や主任とその先生の間の人間関係や感情がどうしても入ってしまいますよね。園の外の方が「専門家」として入ってくると、園内の人間関係や感情は別にして、「『こういう言い方をしようよ』って、あのとき、言われたな」って確認できる。

掛札：柏鳳保育園は、もともと保護者との関係がとてもいいと思いますが、園内コミュニケーションの研修を続けてきたことで、何か保護者の皆さんの中で変わってきたことはありますか？

松丸：「みんなで挨拶をしよう」というのが、この春からの課題で、園だよりでも挨拶の大切さ、保育者や保護者がロールモデルになることの

大切さをお伝えしています。私自身も春からは初心に返って、朝はできるだけ門扉のところに立って挨拶をするようにしています。職員間でも、「挨拶は基本だよね」という確認をして。

　そうすると、徐々に子どもの挨拶も、親御さんの挨拶も増えてきているかな。挨拶はマナーとコミュニケーションの基本ですからね、人間として「身につく」ことが絶対に大事だと思います。園では挨拶できるけど、家ではできないのでは、「身についている」ことにならないですよね。「言われるからする」「やらされている」だけで。

石河：挨拶みたいな基礎は、成長に伴うこと、たとえば「着替えができるようになること」とは違うと思うんですよね。園では着替えができるのに、家ではしない、これは「お父さん、お母さんに甘えたい」という気持ちの現れでもあるわけですから、そこは保護者の方にも「受け入れてあげてくださいね」『自分でする！』というときには、励まして見守ってあげてくださいね」とお話しします。だけど、挨拶は「園ではするけど、家ではしない」というタイプのことじゃない。いつでも、言われずにできるように、挨拶から生まれる心の安心感、嬉しさ、気持ちの良さをしっかり感じとって、子どもたちが自分から進んで声を出せるように、と思っています。

　でも、これは職員も同じですよね。私たちは人間を育てているわけですから、人間としての基礎ができていなきゃいけない。子どもに「挨拶しなさい」「ケンカしちゃダメだよ」と言っているのに、自分たちがそれをできないのでは……。簡単ではないですけど、できていくようになることが大事だと思います。

松丸：それは本当に、保育園で仕事をしていくうえでは必要不可欠です。
　少し抽象的になってしまいますけど、人とのコミュニケーション能力を育てるには、人とのかかわりをたくさんもつ、ということですよね。

良くも悪くも声を出して、相手の気持ちを聞くこと、自分の気持ちを伝えることが大事なんだなあって、今さらですがとても思います。どれだけたくさんの人と、どれだけいろいろな話をできるか。その経験が、コミュニケーション・スキルを高めていくポイントになりますね。

掛札：保育園というのは、他の職場に比べたら、かなり閉じた世界ですよね。そうすると、保護者という、一種、「外の世界」にいる人たちと、どう豊かにコミュニケーションをしていくか、あるいは私や中村先生のような、「保育の外にいるけれども、保育園と一緒に働いていきたい」と考えている人をどう取り込んでいくかが、保育士や職員の方のスキルを高めていくうえでは、大切になってくると思います。そうすることで、先生方も保護者も、そして私たち「外の人間」も一緒に育つことができますから。

　2年近くかけてコミュニケーションの基礎ができてきたところで、これから「取り組んでいきたいこと」は何ですか？

石河：ひとつは、「保育観」みたいな部分をどうやって話し合っていくか、ですね。行事の流れや毎日の仕事、活動のルールについては、みんな、すごくスムースに話ができるようになってきました。意見も出るし、お互いの意見を受け入れながら、「じゃあ、こうしていこうか」「こっちのほうがよくないかな」といった意見交換をできるようになりました。ところが、保育観みたいな話はまだまだ難しくて……。

　たとえば、好き嫌いがある子どもの食事の指導をどうしようかとか。これって、一人ひとりの先生の保育観にかかわってきますし、一人ひと

主任・石河優子先生

りの子どもにもよりますから、「これが一番いい方法だね」と簡単には言えない。そうすると、どうやって会議を進めていったらいいのかなと、悩むところでもあります。

掛札：では、次は「話し合いの方法」の研修ですね！

石河：あともうひとつ。園長も私も、コミュニケーションの研修を受けてきたことで、同じ伝達事項でも、「この先生にはこういうふうに伝えたら伝わりやすいかな」「あの先生には、この言い方じゃなくて、こう言ったほうがいいかも」という見きわめがだんだんつくようになってきて、言い方を変えることもできるようになってきました。

　それは良かったかなと思うのですけど、そうすると今度は、どこかで誰かが私の話を小耳にはさんだときに、「あれ？　石河先生、A先生には〜って言ってたのに、私にはこういう言い方をしたなあ」と思うかもしれないな、と。一人ひとりの先生とのコミュニケーションではなくて、職員全員とか、先生たちの間の関係を見渡したうえでの一人ひとりとのコミュニケーションということも、これからはちゃんと考えていかないといけないなと思っています。

掛札：それは、「リーダーシップのためのコミュニケーション」ということになりますよね。担任でもクラス・リーダーでも、リーダーとして、コミュニケーション・スキルを身につけていく必要がある。リーダーの先生たちがそれを身につけていけば、「聞き手に合わせてメッセージの伝達方法を変えるのはあたりまえだ」ということもわかってきて、「石河先生、どうして言い方が違うの？」と思うことはなくなると思いますよ。

　最後になりますが、柏鳳保育園では、いろいろな園内研修をなさっていますよね。そこには、何かゴールがあるのでしょうか？

松丸：保育士って「腕一本」で働く職人だと、私は思っています。組織

の中で「なんとなく、そこにいればいい」っていう存在じゃなく、一人の職人として、知識も技術もスキルもしっかりつけてほしい。もし、柏鳳の先生じゃなくなってしまっても、そういうものをしっかり身につけた職人としてプライドをもって働いてほしいのです。未来を担う子どもたち一人ひとりのためですから。

　さっき、石河も言いましたけど、私たちは人間を育てている、すごく大切な仕事をしている。だから、人間を育てる職人として、私たちも育っていかなきゃいけない。好きで選んだ職業のはずですから、同じ仕事をするのなら、前向きに楽しく働いていきたい、と。

掛札：ありがとうございました！　私もこの２年間で本当にたくさんのことを学ばせていただきました。これからもよろしくお願いします。

注１）中村次雄(つぎお)先生について：中村次雄先生は、ホテルオークラに38年間勤務なさった元・ホテルマンです。要職を歴任した後、2003年に退職、現在は日本ホスピタリティサポート代表として、また、ホスピタリティの専門家を育てる教育者として働いていらっしゃいます。ホテルオークラを退職してから大学院に進まれ、東洋大学大学院で国際観光学修士を取得なさいました。我孫子市在住。中村先生が現在携わっているお仕事（講演・研修）の内容、連絡先はこちら。「日本ホスピタリティサポート」http://japanhs.com

注２）声がけは一往復半：「ちょっと部屋を出ます」「ちょっと見ていてください」といった保育者間の声がけは、本人が言っただけでは、言いっぱなしで誰も聞いていないということになりかねません。それでは、子どもの見守りが欠けてしまうことにもなりますし、何かあったときには「言った」「聞いてない」という争いにもつながります。こうしたことを防ぐため、声がけに対して他の職員から「はい、わかりました」「いいですよ」といった返事

が返ってきたことを確認し、それに対して「お願いします！」と言う、「一往復半」のコミュニケーションが大切とお話ししています。数秒間の確実なコミュニケーションが、子どもの命を守り、保育者の人間関係を守るのです。

あとがきと、サポートのご案内

　子どもを預かり、育ちの支援をし、学びの場を提供する。同時に、子育て支援の一拠点として、保護者や地域住民とも良い関係をつくっていく。こうした保育の仕事に対しては、少子化の進行や共働き世帯の急増などを背景に、今、ますます期待が寄せられ、年々その責任も需要も増大しています。

　そんな中、私たち（筆者）はそれぞれの立場で、保育現場の皆さんの悩みをたくさんうかがってきました。悩みは多岐にわたりますが、「保護者や地域住民とどのように接したらいいのか」「苦言を呈されたときの対応方法に苦慮している」「何を考えているかわからない保護者がいる」など、子どもではない相手（すなわち「おとな」）とのコミュニケーションに悩んでいるケースが非常に多いことが気にかかっていました。また、ケガをめぐって園と保護者の関係がこじれるケースも数多くありました。

　筆者はどちらも、保育者の皆さんの心と仕事を守る一助となりたいと願いながら、この本を書きました。保育がとても重要な仕事である現在、皆さんの心を守ること、そして、一人ひとりの先生が毎日しっかりと子どもたちの成長と発達を促していけるような環境を確保することは、社会全体が最優先にすべきことがらです。でも、なかなかそうはなっていないのが現状です。保護者への対応、課題のある子どもや保護者に関する他組織との連携、地域との関係づくり……、「保育のプロ」の技術や知識ではカバーしきれないコミュニケーションが、どんどん増えているのも現状です。

　だからこそ、保育者の方には、コミュニケーション・スキルをぜひ身

につけていただきたいのです。なぜなら、このスキルを身につければ、保育の周辺にある課題を多少なりとも楽に扱うことができるようになるからです。保護者対応がスムースになり、問題を園だけで抱え込まなくてすむようになり、地域住民と良い関係をつくることができる、これだけでも先生たちの気持ちはずいぶん楽になるでしょう。そして、本来の仕事である保育に集中していただけるのではないでしょうか。

　一方、本書の中で何度も繰り返していますが、苦情は決して、「苦い」ものではありません。保護者から発信される苦情や苦言は、見方をほんの少し変えれば、一人ひとりの保育者、そして、保育園や幼稚園が育つ糧になるはずのものです。「苦情を未然に防ぐ→発生した苦情に適切な対応をする→受けた苦情を園の改善に活かす」、この一連の流れができることは、保護者や地域との円滑なコミュニケーションを後押しすることになります。また、苦情を未然に防ぐための「観る、聴く、応える」スキルを身につけることは、保護者対応だけでなく、職員間のコミュニケーション向上にも役立ちます。園内のコミュニケーションがスムースになれば、保護者対応も当然スムースになり、豊かなコミュニケーションの波は、保護者へも自然に伝播していくでしょう。

　本書で取り上げたのは、保護者コミュニケーションや苦情対応の中でも一般化が可能な、ごく一部の例です。実際のコミュニケーションや苦情対応は、保護者がどんな人か、保育者がどんな人か、子どもは……といったさまざまな要因で変わります。たとえ苦情の内容はまったく同じでも、そこにいる「人」の要素によって、最適な対応方法も変わってくることになるのです。

　そこで筆者は、それぞれの専門分野を活かした苦情対応、コミュニケーション関連のサポートを個人の保育者、施設長、または園に提供していくことにしました。主に、次のような内容です。

加藤絵美

- 苦情処理国際規格（ISO規格）の導入支援
- 保育園・幼稚園の苦情対応体制の構築、マニュアルの作成支援
- 個別の苦情事案への対策支援
- 苦情対応実践研修（講義＋トレーニング）
- 「保育者のための苦情対応お悩み相談」サービス

掛札逸美

- 伝えたいことを伝わるように伝える、書き方トレーニング（10年以上の編集・執筆実績をもとにした園だより、クラスだより、各種掲示の添削。メール、ファックスで実施可）
- コミュニケーション・トレーニング（基礎から上級まで）
- リーダー、主任、施設長を対象としたコーチング（ストレス・マネジメント・スキルやリーダーシップ・スキルのトレーニング。メールでも実施可）

＊ご自身や園が抱えている課題を相談するのは、ちょっと心配という方もいらっしゃると思いますが、もちろんプライバシーは完全に守ります。筆者2人が提供するサポートを、ニーズに合わせて組み合わせることも可能です。

　インターネットの普及によって、さまざまな形で情報の発信者になっていく保護者や地域住民が増えています。その流れの中で、保育者、保育園や幼稚園が情報発信に出遅れていくことは、非常に残念なことです。本書の冒頭で書いた通り、コミュニケーションは、「大切なもの、大切なことを共有すること」。今、日本社会にとって非常に大事な「子

どもの育ち」についてもっとも理解している保育者の皆さんにこそ、より良い情報発信者、コミュニケーション・リーダーになっていただきたいと私たちは思っています。より良い「観る、聴く、応える」コミュニケーション・スキルはトレーニングによって、誰にでもある程度は必ず、身につくものなのです。

　保育をよりすばらしいものにしていくため、そして、保護者と共に子どもたちの育ちを支えていくため、ぜひ、皆さんと一緒に、保育園や幼稚園におけるコミュニケーション・スキル向上に取り組んでいきたいと願っています。

　ご興味をお持ちの方は、下記までメールをお願いします。

> hoikucom@gmail.com

　　＊携帯電話からメールをお送りになる場合は、上のメールアドレスのブロックを解除してください。パソコンからのメールがブロックされている場合、返信ができません。

　各種サポートに関する詳細は、下のウェブサイトをご覧ください。

> NPO法人　保育の安全研究・教育センター
> http://daycaresafety.org/

　最後になりますが、ぎょうせいの西條美津紀さんと皆さん、カバーを担当してくださった柚木ミサトさん、ありがとうございました。そして、筆者2人を支えてくださっている保育界のたくさんの皆さまにも、この場をお借りして、感謝の気持ちを表したいと思います。

●著者紹介

掛札逸美（かけふだ　いつみ）：NPO法人 保育の安全研究・教育センター代表

　安全・健康の心理学（行動変容学）、リスク・コミュニケーション、一般的なコミュニケーション／リーダーシップ・トレーニングを専門とする。米国式「心理学は自然科学」をモットーに、効果評価を伴う意識・行動変容介入のデザイン、実施に取り組む。傷害予防においては特に子どもの傷害予防を中心とし、保育士団体等での「楽しく、わかりやすい」講演多数。

　1964年生。筑波大学卒業。心理学博士（2008年、コロラド州立大学大学院）。独立行政法人産業技術総合研究所デジタルヒューマン工学研究センター特別研究員を経て、2013年、特定非営利活動法人（NPO法人）保育の安全研究・教育センター設立。

　おもな著書に『乳幼児の事故予防—保育者のためのリスク・マネジメント』（ぎょうせい、2012、単著）、『人と組織の心理から読み解くリスク・コミュニケーション—対話で進めるリスクマネジメント』（日本規格協会、2012、共著）など。

　　メール：itsumikakefuda@gmail.com

加藤絵美（かとう　えみ）：日本女子大学非常勤講師、消費生活専門相談員

　消費者保護政策、消費者教育、苦情対応マネジメントシステム、苦情対応を専門とし、消費者保護を基軸とした組織における苦情対応とその処理体制の構築およびその支援に取り組む。行政機関での消費生活専門相談員、民間企業のお客様相談室長などの経験を経て、現職に至る。1975年生。日本女子大学卒業、家政学修士（2011年、日本女子大学大学院）。現在、日本女子大学非常勤講師、消費生活専門相談員（国民生活センター認定）、公益社団法人日本広告審査機構（JARO）消費生活コンサルタント、消費者関連専門家会議ACAP研究所主任研究員、ISO10001および10003JIS化作業委員（日本規格協会）。

「保護者のシグナル」観る 聴く 応える
保育者のためのコミュニケーション・スキル

平成25年9月15日　第1刷発行
令和4年6月30日　第14刷発行

　　　著　者　**掛札逸美・加藤絵美**
　　　発行所　**株式会社　ぎょうせい**

　　　　　　〒136-8575　東京都江東区新木場1-18-11
　　　　　　URL：https://gyosei.jp

　　　　　　フリーコール　0120-953-431

　　　　　　ぎょうせい　お問い合わせ　検索　https://gyosei.jp/inquiry/

〈検印省略〉

印刷　ぎょうせいデジタル株式会社
乱丁・落丁本は、送料小社負担にてお取り替えいたします。
©2013 Printed in Japan.　禁無断転載・複製
ISBN978-4-324-09691-8（5107971-00-000）〔略号：保育コミュニケーション〕

関連書籍のご案内

乳幼児の事故予防
保育者のためのリスク・マネジメント

掛札逸美 著

A5・定価2,075円（税込）

子どもに何かあったらどうしよう……
　私の園では大事故なんて起こらない！？
　　保護者にどうやって説明するか、頭が痛い……

保育に携わる方なら誰でも抱く不安・悩み。

その解消に向けて「リスク・マネジメント」に取り組み、安心してイキイキと子どもたちに向き合っていきましょう！

【主要もくじ】
第1章　事故予防に取り組むことのむずかしさを理解しよう
第2章　事故予防に取り組むための基礎を知ろう
第3章　ハザードをみつけ、効果的な対策を立てよう
第4章　安全の第一条件は、園内における「情報の風通し」
第5章　保護者に安全と事故予防の情報を伝えよう
第6章　安全チェック、ケガ予防対策を実施してみて

ご照会・お申し込み先

㈱ぎょうせい　フリーコール　0120-953-431（平日9～17時）
　　　　　　　フリーFAX　　0120-953-495
　　　　　　　オンラインショップ　https://shop.gyosei.jp